Libro de cocina Tesoros de Tiramisú

50 DELICIOSOS GIROS EN RECETAS DE TIRAMISU, DEL DESAYUNO AL POSTRE

Emilia Velasco

Copyright Material © 2023

Reservados todos los derechos

Ninguna parte de este libro se puede usar o transmitir de ninguna forma o por ningún medio sin el debido consentimiento por escrito del editor y del propietario de los derechos de autor, a excepción de las breves citas utilizadas en una reseña. Este libro no debe considerarse un sustituto del asesoramiento médico, legal o profesional.

TABLA DE CONTENIDO

TABLA DE CONTENIDO	**3**
INTRODUCCIÓN	**7**
DESAYUNO	**8**
1. Tortitas de tiramisú	9
2. Avena con tiramisú durante la noche	12
3. Tiramisú de desayuno	14
4. Cazuela de tiramisú para el desayuno	16
5. Crepes de tiramisú	18
6. Tortitas de tiramisú	21
7. Waffles de tiramisú	24
8. Tostadas De Tiramisú	26
9. Muffins de tiramisú para el desayuno	29
10. Tiramisú Biscotti	31
APERITIVOS	**34**
11. Bomba de grasa de tiramisú	35
12. Bocaditos de tiramisú	37
13. Dip de tiramisú	39
14. Tiramisú Bomboloni	41
15. Barras de proteína de tiramisú	45
16. Bolas de galleta de tiramisú	48
17. Giros de tiramisú	50
18. Rosquillas de tiramisú	52
19. Golosinas de tiramisú	56
PLATO PRINCIPAL	**58**
20. Tiramisú De Pollo	59
21. Ensalada De Tiramisú	61

22. Risotto de tiramisú ... 63

POSTRE 65

23. Tiramisú de queso mascarpone ... 66
24. Tiramisú vegano ... 68
25. Ron tiramisú ... 70
26. Mini bagatelas de tiramisú ... 72
27. Helado de tiramisú ... 75
28. 2Tartas De Tiramisú ... 78
29. Tazas de pudín de tiramisú con chocolate blanco ... 81
30. tiramisú de limón ... 83
31. Pastel de calabaza y tiramisú con especias ... 86
32. Pasteles de tiramisú Whoopie ... 89
33. Cheesecake de tiramisú ... 92
34. mangomisú ... 95
35. Matcha tiramisú ... 98
36. Tiramisú de mousse de chocolate y caramelo ... 101
37. Potes de crema de tiramisú ... 104
38. pastelitos de tiramisú ... 107
39. Mini Vasitos De Tiramisú ... 110
40. Hojaldres de crema de tiramisú ... 112
41. tiramisú de pastel de patata dulce ... 116
42. Copa de tiramisú clásico ... 119
43. Pastel de tiramisú ... 121
44. Mousse de tiramisú para rellenos en bollería y repostería ... 124
45. Churromisú ... 126
46. Copa de tiramisú con frutos rojos ... 128
47. Flan de tiramisú sin lactosa ... 130
48. Brownie de tiramisú sin lactosa ... 132
49. tiramisú de lima ... 134

50. Tiramisú con té matcha, manzana y lima	137
51. Pasteles de tiramisú Whoopie	140
52. Oreo tiramisú	143
53. Amaretto tiramisú	146
54. tiramisú de bayas	148
55. Mejor que el tiramisú de restaurante	150
56. tiramisú de cereza	152
57. El tiramisú de Delaurenti	154
58. Tiramisú de plátano fácil	156
59. Tiramisú de bayas de Emeril	158
60. Tiramisú helado de avellana y mandarina	160
61. Sundae de tiramisú congelado	163
62. Tiramisú de frutos del bosque	166
63. Godiva tiramisú	169
64. Tiramisú congelado	171
65. Pastel de tiramisú de moka mambo	173
66. El tiramisú de le latini	175
67. tiramisú de bayas de limón	177
68. Tiramisú bajo en grasa	179
69. Tarta de tiramisú de Mr. Food	181
70. Tiramisú de brandy de melocotón	183
71. Tiramisú con aroma a naranja	185
72. Tiramisú de la huerta de olivos	187
73. Pick-me-up (tiramisú)	189
74. Rápido kahlua tiramisú	191
75. Tiramisú de frambuesa y café	193
76. Tiramisú de chocolate blanco	196
77. Tiramisú de chocolate blanco con frutos rojos	198
78. Tiramisú Kahlua y Grand Marnier	201

79. tiramisú navideño — 203
80. El tiramisú favorito de la familia. — 206
81. Tiramisú de Hong Kong — 208
82. Tiramisú de Sostanza — 211
83. Tiramisú sin huevo — 213
84. Marsala tiramisú — 215
85. Corona de tiramisú — 217
86. Tiramisú thane — 219
87. Tiramisú semifrío — 221
88. Gin-misu — 224
89. tiramisú de nutella — 226
90. Tiramisú de mango y macadamia — 229
91. Paletas de tiramisú — 231

BEBIDAS — 234

92. Batido de tiramisú y malvavisco — 235
93. Batido de tiramisú de coco — 237
94. Tiramisú Martini — 239
95. Latte tiramisú helado — 241
96. Cóctel de ron tiramisú — 243
97. Batido de tiramisú con galleta desmenuzada — 245
98. Batido de tiramisú y plátano — 247
99. Bebida caliente de tiramisú — 249
100. Crema de tiramisú — 251

CONCLUSIÓN — 253

INTRODUCCIÓN

Si te encanta el tiramisú, ¡entonces este libro de cocina es imprescindible para tu cocina! Nuestro libro de cocina Libro de cocina Tesoros de Tiramisú está repleto de 100 irresistibles recetas de tiramisú que llevarán a sus papilas gustativas a un dulce viaje. Desde el tiramisú clásico hasta variaciones únicas y creativas, este libro de cocina lo tiene todo.

Cada receta está bellamente presentada con fotografías a todo color, lo que facilita ver cuán delicioso se verá el producto terminado. También hemos incluido consejos y trucos para crear el tiramisú perfecto, para que puedas convertirte en un maestro de este popular postre italiano.

Ya sea que esté organizando una cena, celebrando una ocasión especial o simplemente quiera darse un capricho dulce, nuestro libro de cocina Libro de cocina Tesoros de Tiramisú tiene algo para todos. Con recetas que van desde lo clásico hasta lo moderno, ¡seguro que encontrarás tu nueva receta favorita de tiramisú en este libro de cocina!

DESAYUNO

1. Tortitas de tiramisú

Rinde: 2 porciones

INGREDIENTES:
- 1¾ tazas de copos de avena tradicionales
- 1½ cucharadas de mezcla para pudín Jell-O de vainilla sin azúcar
- 2 cucharaditas de espresso instantáneo
- 1½ cucharaditas de cacao en polvo
- 1½ cucharaditas de polvo de hornear
- 1 cucharadita de bicarbonato de sodio
- ½ cucharadita de canela
- ¼ cucharadita de sal
- 2 cucharadas de aceite de coco, derretido
- 1 cucharada de jarabe de arce
- 1 huevo grande
- 1 cucharadita de extracto de vainilla
- 1 taza de leche baja en grasa al 2%
- Crema batida, para servir
- Virutas de chocolate, para servir

INSTRUCCIONES:
a) Agregue todos los ingredientes, excepto la crema batida y las virutas de chocolate, a una licuadora.
b) El aceite de coco derretido puede endurecerse cuando se combina con ingredientes más fríos, por lo que puedes calentar un poco la leche para ayudar a evitar que esto suceda si lo deseas.
c) Triture todo en la licuadora hasta que tenga un líquido suave.
d) Vierta la mezcla de panqueques en un tazón grande.
e) Deja reposar la masa de 2 a 3 minutos. Esto permite que todos los ingredientes se unan y le da a la masa una mejor consistencia.
f) Rocíe generosamente una sartén o plancha antiadherente con aceite vegetal y caliente a fuego medio.

g) Una vez que la sartén esté caliente, agregue la masa con una taza medidora de ¼ de taza y vierta la masa en la sartén para hacer el panqueque. Use la taza de medir para ayudar a dar forma al panqueque.

h) Cocine hasta que los lados parezcan firmes y se formen burbujas en el medio, luego voltee el panqueque.

i) Una vez que la tortita esté cocida por ese lado, retira la tortita del fuego y colócala en un plato.

j) Continúe estos pasos con el resto de la masa.

k) Cubra con crema batida y virutas de chocolate.

2. Avena con tiramisú durante la noche

Rinde: 2 porciones

INGREDIENTES:
- 1 taza de avena arrollada a la antigua
- 1 cucharada de semillas de chía
- 3 cucharadas de cacao en polvo sin azúcar
- 2-3 cucharadas de jarabe de arce - stevia de vainilla
- ¾ taza de leche de almendras
- ½ taza de café preparado
- 1 cucharadita de extracto de vainilla

CAPAS
- 1 taza de yogur de elección: usamos yogur de coco o yogur de soja
- 2 cucharadas de polvo de proteína de vainilla
- 1 cucharada de jarabe de arce
- 1 cucharadita de cacao en polvo sin azúcar - para espolvorear encima

INSTRUCCIONES:
a) En un tazón, agregue copos de avena tradicionales, semillas de chía, cacao en polvo, edulcorante, leche de almendras y café.
b) Batir durante 1-2 minutos o hasta que esté completamente combinado. También puede colocar los ingredientes en un tarro de vidrio, agitar vigorosamente y formar una mezcla de chocolate consistente. No será espesa, y eso es normal.
c) Pruebe la mezcla y ajuste el edulcorante, agregando más ahora o más tarde como cobertura.
d) Cubra el recipiente con una tapa o cierre el frasco y colóquelo en el refrigerador durante la noche.
e) Al día siguiente, prepare la crema de yogur y vainilla revolviendo el yogur, la proteína en polvo y el jarabe de arce. Si es demasiado espeso, agregue más yogur o un poco de leche de almendras.
f) Sirva la avena durante la noche en capas en un tarro de cristal alto. Alterne la avena durante la noche y la capa de yogur, terminando con un yogur más tarde encima.
g) Al final, espolvorea cacao en polvo sin azúcar por encima y disfruta.

3. Desayuno Tiramisú

Marcas: 2

INGREDIENTES:
- ¾ taza de ricota, leche entera o descremada
- 1 cucharada de azúcar blanca granulada
- ¼ de cucharadita de extracto puro de vainilla
- 8 bizcochos crujientes
- ¾ taza de espresso o café negro fuerte
- ¼ taza de chocolate semidulce picado
- moras frecas

INSTRUCCIONES:
a) En un tazón pequeño, bata la ricota con el azúcar y el extracto de vainilla. Pruebe y agregue más azúcar y/o vainilla, si es necesario.
b) Coloque el espresso en un tazón grande y poco profundo.
c) Vierta aproximadamente 2 cucharadas de la mezcla de ricotta en cada tazón. Espolvorear con un poco de chocolate y algunas bayas. Sumerja las mariquitas en el café y coloque 2 mariquitas en cada tazón. Repita las capas: queso, chocolate, bayas y bizcochos.
d) Cubra cada tazón con una envoltura de plástico y colóquelo en el refrigerador durante al menos cuatro a seis horas para permitir que las capas se mezclen. Servir frío.

4. Tiramisú Cazuela De Desayuno

Marcas: 2

INGREDIENTES:
- 2 huevos grandes
- 2 cucharadas de crema espesa
- ½ taza de café preparado
- 1 cucharadita de extracto de vainilla
- 2 cucharadas de azúcar moreno claro
- 1 cucharadita de canela molida
- 4 tazas de pan italiano del día anterior en cubos
- Spray para cocinar
- cacao en polvo o azúcar glas

INSTRUCCIONES:
a) Rocíe una fuente para horno de 1 cuarto de galón con aceite en aerosol.
b) En un tazón grande, agregue los huevos, el café y el extracto de vainilla, y bata hasta que quede suave; luego agregue el azúcar y la canela y mezcle bien.
c) Corta el pan italiano en cubos del tamaño de un bocado; luego añádelo a la mezcla de huevo. Mezclar con una cuchara hasta cubrir el pan, colocar en la fuente para horno; luego envuélvalo bien y refrigere durante la noche.
d) Cuando esté listo para cocinar, lleve la cacerola a temperatura ambiente durante unos 15 minutos mientras precalienta el horno a 350 grados F.
e) Cocine por aproximadamente 20 minutos hasta que el huevo esté bien cocido; luego retírelo del horno, adorne como desee y sirva caliente con jarabe de arce tibio.

5. Crepas Tiramisú

Rinde: 10 porciones

INGREDIENTES:
- 4 huevos grandes
- ¾ taza de leche al 2%
- ¼ taza de refresco de club
- 3 cucharadas de mantequilla, derretida
- 2 cucharadas de café fuerte preparado
- 1 cucharadita de extracto de vainilla
- 1 taza de harina para todo uso
- 3 cucharadas de azúcar
- 2 cucharadas de cacao para hornear
- ¼ cucharadita de sal

RELLENO:
- 8 onzas de queso mascarpone
- 8 onzas de queso crema, suavizado
- 1 taza de azúcar
- ¼ de taza de licor de café o café fuerte
- 2 cucharaditas de extracto de vainilla
- Opcional: sirope de chocolate y nata montada

INSTRUCCIONES:

a) En un tazón grande, bata los huevos, la leche, la soda, la mantequilla, el café y la vainilla. En otro recipiente, mezcle la harina, el azúcar, el cacao y la sal; añadir a la mezcla de huevo y mezclar bien. Refrigere, tapado, 1 hora.

b) Caliente un 8-in ligeramente engrasado. sartén antiadherente a fuego medio. Revuelva la masa. Llene una medida de ¼ de taza hasta la mitad con la masa; verter en el centro de la sartén. Levante e incline rápidamente la sartén para cubrir el fondo de manera uniforme.

c) Cocine hasta que la parte superior parezca seca; voltee la crepa y cocine hasta que el fondo esté cocido, 15-20 segundos más. Retirar a una rejilla. Repita con la masa restante, engrasando el molde según sea necesario. Cuando estén frías, apila las crepas entre pedazos de papel encerado o toallas de papel.

d) Para el relleno, en un bol grande, bate el queso y el azúcar hasta que quede esponjoso. Agrega el licor y la vainilla; batir hasta que quede suave. Coloque unas 2 cucharadas de relleno en el centro de cada crepe; enrollar. Si lo desea, adorne con jarabe de chocolate y crema batida.

6. Tortitas De Tiramisú

Rinde: 12 panqueques

INGREDIENTES:
- 2 tazas de harina para todo uso
- 2½ cucharaditas de polvo de hornear
- ½ cucharaditas de bicarbonato de sodio
- 3 cucharadas de azúcar
- 1½ tazas de suero de leche
- ½ taza de café fuerte
- 2 cucharaditas de extracto de café
- 2 cucharaditas + ½ cucharadita de extracto de vainilla, cantidad dividida
- 2 huevos
- 3 cucharadas de mantequilla sin sal, derretida
- ½ taza de chocolate negro finamente picado, cantidad dividida
- 8 onzas de queso mascarpone ablandado
- 2 cucharadas de azúcar en polvo
- Cacao en polvo para decorar
- Jarabe de arce para rociar

INSTRUCCIONES:

a) Precalentar el horno a 250 grados.
b) Batir la harina, el polvo de hornear, el bicarbonato de sodio y el azúcar en un tazón grande.
c) Mida el suero de leche en una taza medidora grande, agregue café, extracto de café, 2 cucharaditas de vainilla y huevos. Batir hasta que esté combinado. Agregue a la mezcla de harina junto con la mantequilla derretida y ¼ de taza de chocolate picado. Batir solo hasta que se mezclen. Deje reposar la masa durante cinco minutos.
d) Agregue mascarpone, azúcar en polvo y la vainilla restante a un tazón pequeño. Batir hasta que esté combinado.
e) Caliente una sartén o plancha antiadherente a fuego medio. Vierta ¼ de taza de masa en la plancha. Vierta tantos como quepan en la plancha. Cocine hasta que los bordes se doren y las burbujas lleguen a la parte superior de la masa, voltee y cocine otros 1-2 minutos. Agregue panqueques cocidos a una bandeja para hornear y manténgalos calientes en el horno.
f) Una vez que todos los panqueques estén cocidos, apila tres en cada plato. Cubra con ¼ del mascarpone.
g) Espolvorear con chocolate troceado y espolvorear con cacao en polvo. Servir con jarabe de arce.

7. **Waffles Tiramisú**

Hace: 12

INGREDIENTES:
- 8 onzas de queso crema, suavizado
- ½ taza de azúcar
- ½ taza de jarabe sabor a chocolate
- 8 onzas de cobertura batida congelada, descongelada
- 1 ½ tazas de mezcla Bisquick
- 1 taza de azúcar
- ⅓ taza de cacao para hornear
- ¾ taza de agua
- 2 cucharadas de aceite vegetal
- 2 huevos
- 1 taza de café caliente
- Cacao para hornear adicional, si lo desea

INSTRUCCIONES:
a) Para hacer la cobertura de tiramisú, bata el queso crema, ½ taza de azúcar y el jarabe de chocolate en un tazón grande con una batidora eléctrica a velocidad media hasta que quede suave. Agregue suavemente la cobertura batida hasta que se mezcle. Refrigere mientras hace waffles.
b) Caliente la gofrera; grasa si es necesario.
c) Revuelva los ingredientes restantes excepto el café y el cacao adicional hasta que se mezclen. Vierta la masa en un poco menos de 1 taza en el centro de la waflera caliente.
d) Hornee durante unos 5 minutos o hasta que deje de salir vapor. Retire con cuidado el waffle. Rocíe el café sobre los waffles.
e) Coloca la cobertura de tiramisú sobre los waffles; espolvorear con cacao.

8. Tostada De Tiramisú

Marcas: 2

INGREDIENTES:
PARA LA TOSTADA:
- 1 huevo grande
- 1 cucharada de azúcar blanca
- 2 cucharadas de espresso fuertemente preparado
- ¼ de cucharadita de extracto de vainilla
- 2 rebanadas de pan italiano del día anterior

PARA LA COBERTURA DE MASCARPONE:
- 3 cucharadas de vino Marsala seco
- 1 cucharada de azúcar blanca
- ½ taza de queso mascarpone
- 1 pizca diminuta de sal

INSTRUCCIONES:

a) Precaliente el horno a 375 grados F.
b) Cubra un molde para hornear con papel de aluminio.
c) Casca un huevo en una fuente para horno. Agregue azúcar blanca, espresso y extracto de vainilla. Batir para combinar. Coloque rebanadas de pan en el plato y mezcle la mezcla para saturar; deje reposar de 10 a 15 minutos para que se absorba por completo.
d) Transfiera las rebanadas de pan a la fuente preparada y rocíe cualquier líquido de mezcla de café acumulado sobre la parte superior.
e) Hornee una tostada en el centro del horno precalentado hasta que las natillas estén cocidas y el pan rebote ligeramente al tocarlo, de 20 a 25 minutos. Transfiera las rebanadas a una rejilla para que se enfríen a temperatura ambiente.
f) Mientras tanto, vierta el vino en una cacerola. Agregue el azúcar y cocine a fuego medio hasta que se reduzca a aproximadamente 1 cucharada. Retirar del fuego y dejar enfriar.
g) Coloque el queso mascarpone en un tazón y agregue la reducción de vino enfriado y una pizca muy pequeña de sal. Revuelva con una espátula hasta que se mezclen. Enfríe antes de colocar en la tubería o untar sobre una tostada enfriada. Cubrir con chocolate rallado.

9. Muffins de tiramisú para el desayuno

Rinde: 24 muffins

INGREDIENTES:
MAGDALENAS
- 2 tazas de harina para todo uso
- 2 cucharadas de cacao en polvo
- 1 cucharada de levadura en polvo
- 3 cucharadas de espresso en polvo
- 10 cucharadas de mantequilla sin sal, ablandada
- 1 taza de azúcar granulada extra fina
- 2 huevos
- ½ taza de mascarpone
- ½ taza de yogur griego natural
- 1 taza de leche

ADICIÓN
- 2 cucharadas de cacao en polvo

INSTRUCCIONES:
a) Precaliente el horno a 375°F. Forre un molde para muffins con papel protector y reserve.
b) En un tazón grande, mezcle la harina, el cacao, el polvo de hornear y el polvo de espresso.
c) En el tazón de una batidora, mezcle la mantequilla y el azúcar hasta que esté suave y esponjoso. Raspar los lados del tazón, según sea necesario.
d) Agregue los huevos uno a la vez, batiendo bien después de cada adición.
e) Batir el mascarpone y el yogur griego hasta que estén completamente combinados. Alterne la mezcla de harina y la leche y mezcle bien.
f) Rellene los moldes para muffins ¾ de su capacidad y hornee durante 25-30 minutos o hasta que al insertar un palillo en el centro, éste salga limpio.
g) Espolvorear cacao en polvo por encima.

10. Tiramisú Biscotti

Rinde: 24 galletas

INGREDIENTES:
- 6 cucharadas de mantequilla sin sal, ablandada
- 1 taza de azúcar granulada
- 2 huevos grandes
- ½ cucharadita de vainilla
- 2 cucharadas de vino dulce marsala
- 2 tazas de harina para todo uso
- ½ taza de cacao en polvo sin azúcar
- 1 cucharadita de bicarbonato de sodio
- 1 cucharadita de sal
- ¾ taza de chispas de chocolate semidulce
- ¾ taza de chispas de chocolate blanco
- 1 onza de espresso o café fuertemente preparado

INSTRUCCIONES:
a) Precaliente el horno a 350 grados y cubra dos bandejas con papel pergamino.
b) En el tazón de una batidora de pie, mezcle la mantequilla y el azúcar. Raspe el tazón.
c) Agregue los huevos, uno a la vez, batiendo y raspando entre cada adición.
d) Batir la vainilla y el vino marsala.
e) En un recipiente aparte, mezcle la harina, el cacao en polvo, el bicarbonato de sodio y la sal. Agregue a la mezcla en la batidora de pie y mezcle a baja velocidad hasta que se combinen. Agregue las papas fritas. La masa debe quedar muy dura.
f) Divide la masa por la mitad entre las dos bandejas para hornear. Mójese las manos y forme un tronco con cada mitad de la masa, de aproximadamente 9,5 pulgadas de largo por 2 pulgadas de ancho por ¾ de pulgada de alto.
g) Hornee durante aproximadamente 30 a 35 minutos, gire las bandejas 180 grados y cambie las bandejas de arriba hacia abajo a la mitad para garantizar una cocción uniforme.

h) Retire los moldes del horno y déjelos enfriar durante 5 a 10 minutos. Baje la temperatura del horno a 325.
i) Transfiera con cuidado cada tronco a una tabla de cortar.
j) Cepille cada tronco con el café con una brocha de repostería. Use un cuchillo de sierra para cortar cada tronco en diagonal en tiras de ¾ de pulgada. Asegúrese de cortar hacia arriba y hacia abajo.
k) Coloque los biscotti cortados nuevamente en la bandeja para hornear forrada de pergamino, de pie.
l) Hornee 30 minutos adicionales, hasta que los biscotti estén secos.
m) Enfríe completamente sobre una rejilla, luego transfiéralo a un recipiente hermético para su almacenamiento.

APERITIVOS

11. Bomba de grasa de tiramisú

Hace: 14

INGREDIENTES:
- 10 onzas de queso mascarpone, ablandado
- 1 cucharadita de extracto de ron, sin azúcar
- 4 onzas de edulcorante Swerve, confitero
- 1 cucharadita de café instantáneo

PARA EL RECUBRIMIENTO:
- ½ onza de chocolate amargo, sin azúcar
- 2 cucharadas de manteca de cacao

INSTRUCCIONES:

a) Coloque un molde de silicona para cupcakes o dulces en el mostrador y reserve. Durante 5 minutos, mezcle el mascarpone, el extracto de ron, el Swerve y el café instantáneo en un procesador de alimentos o batidora hasta que quede suave.

b) Prepare tazas individuales sacando aproximadamente 2 cucharaditas de la mezcla batida en cada taza y congelándolas durante 2 horas.

c) Mientras tanto, derrita la manteca de cacao y el chocolate negro en una cacerola a fuego lento hasta que no queden grumos.

d) Retirar el molde del congelador durante unos 10 minutos después de haberlo retirado del fuego Inmediatamente después de colocar el molde en el mostrador, coloque la línea de horneado en capas sobre dos platos. Inserte un palillo a través de la parte superior de la bomba de grasa y sumérjalo en el chocolate derretido algo tibio. Transfiera a un plato para servir después de que la salsa haya sido cubierta.

e) Las bombas de grasa deberán sumergirse en el agua durante alrededor de 3 a 4 minutos a la vez antes de colocarlas en el congelador en un horario rotativo de 15 minutos.

f) Puede comerlos una sola vez o guardarlos en el congelador hasta por 3 meses en un recipiente bien cerrado.

12. Bocaditos de tiramisú

Rinde: 4 porciones

INGREDIENTES:
- 12 rebanadas de bizcocho
- ¼ taza de agua
- 1 ½ cucharaditas de café instantáneo granulado
- 1 ½ cucharaditas de extracto de ron
- 8 onzas de queso mascarpone
- ¼ taza de azúcar en polvo
- ½ taza de crema para batir
- ½ oz de chocolate para hornear semidulce
- 24 granos de café espresso, si lo desea

INSTRUCCIONES:

a) Forre 24 mini moldes para muffins con petit fours de papel.
b) Corta 2 círculos de cada rebanada de pastel. Coloque 1 torta redonda en el fondo de cada taza.
c) En un tazón pequeño, mezcle el agua, los gránulos de café y ½ cucharadita de extracto de ron. Rocíe aproximadamente ½ cucharadita de la mezcla de café sobre el pastel en cada taza de muffin. Dejar de lado.
d) En un tazón mediano, bata el queso, el azúcar en polvo y la 1 cucharadita restante de extracto de ron con una batidora eléctrica a velocidad media hasta que quede cremoso. En otro tazón mediano, bata la crema batida a alta velocidad hasta que se formen picos suaves. A baja velocidad, bata la mezcla de queso hasta convertirla en crema batida. Coloque con una cuchara o tubo una cucharada colmada de la mezcla de crema batida en cada taza, cubriendo el pastel.
e) Ralla el chocolate semiamargo sobre cada taza. Cubra cada uno con un grano de café. Refrigere durante al menos 4 horas para mezclar sabores. Almacene cubierto en el refrigerador.

13. Dip de tiramisú

Rinde: 4 porciones

INGREDIENTES:
- 1 taza de crema batida espesa, fría
- 1 cucharada de espresso en polvo
- 4 onzas de queso crema, ablandado
- 8 onzas de queso mascarpone
- ½ taza de azúcar glass tamizada
- 1 cucharadita de extracto puro de vainilla
- 2 cucharaditas de cacao en polvo sin azúcar
- Ladyfingers, barquillos de vainilla o fruta para mojar

INSTRUCCIONES:
a) Revuelva la crema y el espresso en polvo en un tazón hasta que se disuelva.
b) Mientras tanto, en un tazón mediano, bata el queso crema con una batidora eléctrica hasta que quede suave y cremoso.
c) Agregue el queso mascarpone y bata hasta que quede suave. Agrega el azúcar impalpable y el extracto de vainilla; batir a baja velocidad con una batidora eléctrica hasta que se mezcle.
d) Agregue la mezcla de crema espesa y espresso y aumente la velocidad a alta y bata hasta que se formen picos suaves, no bata demasiado.
e) Colocar en un bol para servir y espolvorear con cacao en polvo.
f) Sirva con bizcochos, galletas de vainilla o fruta.

14. Tiramisú Bomboloni

Rinde: alrededor de 32 bomboni

INGREDIENTES:
PARA LA MASA:
- ¾ taza de leche entera
- 1 paquete de ¼ de onza de levadura seca activa
- 3 cucharadas de azúcar granulada
- 3 tazas de harina para todo uso, y más para espolvorear
- 1 cucharadita de sal kosher
- 2 huevos grandes
- 1 cucharadita de extracto puro de vainilla
- 2 cucharadas de mantequilla sin sal, cortada en trozos pequeños, a temperatura ambiente
- Spray para cocinar
- Aceite vegetal, para freír

PARA EL LLENADO:
- 1 taza de leche entera
- ⅓ taza de azúcar granulada
- 1 ½ cucharaditas de espresso instantáneo en polvo
- ⅛ cucharadita de sal kosher
- 2 yemas de huevo grandes
- 3 cucharadas de maicena
- 2 cucharadas de mantequilla fría sin sal, cortada en trozos pequeños
- 1 cucharadita de extracto puro de vainilla
- ½ taza de queso mascarpone, a temperatura ambiente

PARA EL GLASEADO:
- 2 tazas de azúcar glas
- ¼ de taza de vino Marsala seco, y más si es necesario
- pizca de sal kosher
- Cacao en polvo, para espolvorear

INSTRUCCIONES:

a) Haz la masa: calienta la leche en una cacerola pequeña a fuego lento hasta que alcance entre 105 y 115 grados F. Transfiérela a un tazón pequeño; agregue la levadura y el azúcar granulada. Ponga a un lado hasta que esté espumoso, de 7 a 10 minutos. Mientras tanto, bata la harina y la sal en el tazón de una batidora de pie.

b) Agregue la mezcla de levadura, los huevos y la vainilla a la batidora de pie. Mezcle a velocidad media con los ganchos para masa hasta que se forme una bola peluda de masa, de 1 a 2 minutos. Mezcle la mantequilla, 1 pieza a la vez. Continúe amasando la masa con la batidora, raspando los lados y el fondo del recipiente de vez en cuando con una espátula de goma, hasta que quede suave y elástica, unos 6 minutos. Cubra ligeramente un tazón grande con aceite en aerosol y transfiera la masa al tazón, volteándola para cubrirla. Cubra bien con una envoltura de plástico y deje crecer en un lugar cálido hasta que doble su tamaño, aproximadamente 1 hora.

c) Haz el relleno: combina ¾ de taza de leche, el azúcar granulada, el espresso en polvo y la sal en una cacerola pequeña y cocina a fuego medio, revolviendo, hasta que el azúcar se disuelva y la leche esté humeante. Bate el ¼ de taza de leche restante con las yemas de huevo y la maicena en un tazón mediano. Poco a poco mezcle la mezcla de leche tibia con la mezcla de huevo, luego vierta la mezcla en la cacerola. Llevar a fuego lento, batiendo constantemente, hasta que esté muy espeso, aproximadamente 3 minutos. Cuele la crema pastelera a través de un colador de malla fina en un tazón, empujándola con una espátula de goma. Agregue la mantequilla y la vainilla hasta que quede suave. Coloque un pedazo de envoltura de plástico directamente sobre la superficie de las natillas y refrigere por 30 minutos.

d) Poner el mascarpone en un bol mediano. Batir la crema pastelera fría, una cucharada grande a la vez, hasta que quede suave. Transfiera a una manga pastelera equipada con una punta redonda de ¼ de pulgada. Refrigere hasta que esté listo para su uso.

e) Enharina ligeramente 2 bandejas para hornear. Voltee la masa sobre una superficie ligeramente enharinada y golpee suavemente hasta que tenga ½ pulgada de espesor. Corta unas 32 rondas con un cortador de 1 ½ pulgadas; coloque 1 pulgada de distancia en las bandejas para hornear preparadas y cubra ligeramente la parte superior con aceite en aerosol. Cubra con una envoltura de plástico y deje crecer hasta que se hinche, aproximadamente 1 hora.

f) Caliente 2 pulgadas de aceite vegetal en una olla grande a fuego medio hasta que un termómetro para freír registre 340 grados F. Mientras tanto, prepare el glaseado: bata el azúcar glas, Marsala y una pizca de sal en un tazón mediano, diluya con más Marsala según sea necesario. Cubrir y reservar.

g) Trabajando en lotes, fríe los bomboloni durante 30 segundos, luego voltea y continúa friendo, volteando ocasionalmente, hasta que se doren, aproximadamente 2 minutos más. Retire con una cuchara ranurada a una bandeja para hornear forrada con toallas de papel para drenar. Dejar enfriar.

h) Inserte un palillo chino o una brocheta en el costado de cada bomboloni y muévalos para formar un pequeño bolsillo. Vierta el relleno y espolvoree la parte superior con cacao en polvo. Rocíe con el glaseado.

15. Barras de proteína de tiramisú

Rinde: 8 barras

INGREDIENTES:
BASE:
- ⅓ taza de harina de avena
- 1 hoja de galletas Graham trituradas
- ½ cucharada de proteína en polvo de vainilla
- ½ cucharada de proteína en polvo sin sabor
- 2 cucharadas de harina de coco
- ¼ taza de leche de almendras sin azúcar

CARAMELO DE CAFÉ:
- 2 cucharadas de polvo de mantequilla de maní
- 1 cucharada + 1 cucharadita de mantequilla de anacardo
- 1½ cucharadas de polvo de proteína de vainilla
- 1½ cucharadas de proteína en polvo sin sabor
- 1½ cucharadita de café instantáneo
- ¾ cucharadas de jarabe de arce
- ¾ cucharadas de agua
- ⅛ cucharadita de extracto de vainilla

QUESO CREMA:
- 6 cucharadas de yogur griego sin grasa
- 3 oz de queso crema bajo en grasa
- ½ cucharada de proteína de vainilla en polvo, suero de leche y caseína
- 2 cucharadas de harina de coco
- Cacao en polvo para espolvorear

INSTRUCCIONES:
a) Cubra un molde para pan con papel pergamino; dejar un voladizo para levantar más tarde.
b) Precaliente el horno a 350°F.

BASE:
a) En un procesador de alimentos, combine la harina de avena, la galleta graham triturada, el polvo de proteína de vainilla, el polvo de proteína sin sabor y la harina de coco.
b) Transfiera a un tazón, agregue la leche de almendras y mezcle.
c) La mezcla debe ser espesa pero un poco pegajosa como la masa.
d) Transfiera a la fuente preparada y presione hacia abajo.
e) Hornear durante 10 minutos, luego dejar enfriar durante unos 10 minutos:

CARAMELO DE CAFÉ:
a) En el mismo tazón, mezcle la mantequilla de maní en polvo, la mantequilla de almendras, la proteína de vainilla en polvo, la proteína en polvo sin sabor, el café instantáneo, el jarabe de arce, el agua y la vainilla.
b) Extienda sobre la capa base y use el dorso de una cuchara para alisar.

QUESO CREMA PROTÉICO:
a) En un tazón, combine el queso crema ablandado, el yogur griego, la proteína en polvo y la harina de coco.
b) Extender sobre la base.
c) Transfiera al congelador para que se enfríe durante unos 5-10 minutos.
d) Espolvorear con Cacao en Polvo, cortar en 8 rebanadas y servir.

16. Bolas de galleta de tiramisú

Rinde: 4 porciones

INGREDIENTES:
- 8 onzas de queso crema ablandado
- 60 obleas de vainilla, finamente trituradas
- 3 cucharadas de Vienna Café, cantidad dividida
- Tres chocolates blancos de 4 onzas cada uno, derretidos
- 2 onzas de chocolate semidulce, derretido

INSTRUCCIONES:
a) Mezcle el queso crema, las migas de oblea y 1 cucharada de café hasta que se mezclen.
b) Forme 36 bolas. Congelar por 10 min.
c) Mezclar el chocolate blanco y el café restante. Sumerja las bolas de galleta en la mezcla de chocolate blanco; colóquelos en una sola capa en una fuente poco profunda forrada con papel encerado. Rocíe con chocolate semidulce.
d) Refrigera por 1 hora o hasta que esté firme.

17. Giros de tiramisú

Rinde: 4 porciones

INGREDIENTES:
- 200 gramos de mascarpone
- 2 cucharadas de Kahlua, más extra para el glaseado
- 2 cucharadas de azúcar en polvo
- 1 hoja de hojaldre de mantequilla
- 30 gramos de chocolate amargo, divididos

INSTRUCCIONES:

a) En un tazón pequeño, bata el mascarpone hasta que esté suave. Agregue el Kahlua y, una vez que esté completamente mezclado, agregue el azúcar. Extiende la lámina de hojaldre con el borde corto hacia ti. Extienda el relleno de tiramisú de manera uniforme sobre la hoja.

b) Use un cortador de pizza o un cuchillo afilado para cortar la masa en 8 tiras verticales largas. Rallar 20 gramos de chocolate negro sobre el relleno. Trabajando con una torsión a la vez, tome el extremo más alejado de usted y dóblelo hacia abajo, por la mitad, sobre sí mismo. Transfiera a una bandeja para hornear antiadherente o forrada, girándola dos veces mientras la coloca. Presione suavemente el borde inferior para cerrarlo, luego repita con el resto y enfríe durante 1 hora.

c) Precalentar el horno a 200C/180C ventilador. Después de que los pasteles se hayan enfriado durante una hora, úntelos ligeramente con Kahlua y ralle sobre una fina capa del chocolate restante. Hornear durante 15 minutos hasta que suba bien y se dore. Transfiera a una rejilla para enfriar o sirva tibio.

18. Rosquillas De Tiramisú

Hace: 16

INGREDIENTES:
PARA LAS DONAS DE LEVADURA
- ½ taza de agua tibia
- 2 y ¼ cucharaditas de levadura seca activa
- ½ taza de suero de leche tibio
- 1 huevo grande, batido
- ¼ taza de mantequilla derretida
- ¼ de taza) de azúcar
- ½ cucharadita de sal
- 3 tazas de harina para todo uso, más extra para amasar

PARA EL RELLENO DE CREMA DE CAFÉ
- ¾ taza de crema para batir, fría
- ½ taza de azúcar en polvo
- 1 cucharadita de vainilla
- ¾ taza de queso mascarpone
- 2 cucharadas de café preparado, frío

PARA EL GLASEADO DE CHOCOLATE BLANCO
- 150 gramos de chocolate blanco
- 4 cucharadas de crema para batir
- cacao en polvo para espolvorear la parte superior de las donas

INSTRUCCIONES:

a) En un tazón, agregue el agua tibia. Espolvorea la levadura y aproximadamente 1 cucharadita de azúcar. Deje reposar esta mezcla durante 5-7 minutos, o hasta que esté espumosa. Agregue el suero de leche, el huevo, la mantequilla derretida, el azúcar restante y la sal. Revuelve todo con una cuchara de madera hasta que se incorpore todo.

b) Agregue 3 tazas de harina, una taza a la vez, y revuelva hasta que la mezcla comience a formar una masa peluda. Continúe mezclando hasta que se forme una masa suelta en el centro.

c) Espolvorea una superficie de trabajo limpia con harina. Voltea la masa y amasa hasta que la masa esté suave y elástica, espolvoreando tus manos y la tabla con harina según sea necesario. Para probar esto, saque una pequeña porción de masa con la mano y estírela con los dedos para formar un cuadrado. La masa debe formar una película translúcida en el centro. Esto también se conoce como la prueba del panel de ventana. Formar la masa amasada en una bola. Colóquelo en un recipiente y cúbralo con una toalla limpia. Deje que suba durante 1 hora y media a 2, o hasta que doble su tamaño. Mientras tanto, corte 12-14 piezas de papel pergamino cuadrado de aproximadamente 4-5 pulgadas.

d) Una vez levada, desinflar suavemente la masa. En una superficie ligeramente enharinada, enrolle una porción de la masa en un rectángulo rugoso de ½ pulgada de grosor. Usando un cortador de galletas de 3 pulgadas de diámetro, corte tantos círculos como pueda de la masa. Repita con la otra mitad de la masa. Puedes hacer alrededor de 16 donas.

e) Coloque cada masa con forma en un papel pergamino cuadrado y colóquelos en una bandeja para hornear grande. Cubra la sartén sin apretar con una toalla de cocina limpia y deje que suba nuevamente durante 30-40 minutos o hasta que esté suave e hinchada.

f) Precaliente alrededor de 3-4 pulgadas de aceite de canola en una sartén ancha de fondo grueso. Una vez que el aceite alcance los 350 F, baje 2-3 donas a la vez, soltándolas con cuidado del papel pergamino, y fríalas hasta que estén doradas por cada lado, alrededor de 1-3 minutos en total. Las donas se doran rápido, así que vigílelas de cerca. Escurra las donas fritas en una rejilla que está encima de una bandeja para hornear forrada con una toalla de papel. Deje que se enfríen por completo antes de rellenar.

HACER EL RELLENO DE TIRAMISU

g) En el tazón de una batidora de pie, combine la crema batida, el azúcar en polvo y el extracto de vainilla. Bate la mezcla con el batidor hasta que quede espesa y esponjosa. Agregue el queso mascarpone y el café frío y bata hasta que se mezclen.

h) Transfiera la crema a una manga pastelera equipada con un accesorio o a una prensa para galletas con un accesorio de relleno.

i) Usando un dedo o el accesorio de tubería, haga un agujero a lo largo del costado de una rosquilla. Use sus dedos para hacer un espacio hueco dentro de la rosquilla haciendo un movimiento de barrido en el interior. Vierta un poco de crema de tiramisú dentro hasta que las donas se expandan.

HACER EL GLASEADO DE CHOCOLATE BLANCO

j) Pica el chocolate en trozos pequeños y colócalo en un recipiente resistente al calor. Vierta la crema batida en un recipiente apto para microondas y caliéntelo en el microondas hasta que los lados comiencen a burbujear unos 15-30 segundos.

19. Tiramisú Golosinas

Rinde: 24 porciones

INGREDIENTES:
- 3 cucharadas de mantequilla o margarina
- 10 oz de malvaviscos inflados
- 4 tazas de malvaviscos en miniatura
- 6 tazas de cereal Rice Krispies
- 24 onzas de queso crema bajo en grasa, ablandado
- 1½ tazas de azúcar en polvo
- ⅓ taza de café fuerte preparado
- 3 cucharadas de leche descremada o café fuerte
- 12 onzas de cobertura batida no láctea baja en grasa congelada
- ⅓ taza de crema agria baja en grasa
- 1 onza de chocolate semidulce, rallado

INSTRUCCIONES:
a) En una cacerola grande derrita la mantequilla a fuego lento. Agregar los malvaviscos y mezclar hasta que se derritan completamente. Alejar del calor.
b) Agregue cereal de arroz Krispies. Revuelva hasta que esté bien cubierto.
c) Usando una espátula untada con mantequilla o papel encerado, presione uniformemente la mezcla en un molde de 13 x 9 x 2 pulgadas cubierto con aceite en aerosol. Fresco. Dejar de lado.
d) Mientras tanto, en un tazón grande para mezclar, combine el queso crema, el azúcar en polvo, el café y la leche. Batir a velocidad media de una batidora eléctrica hasta que esté cremoso. Distribuya uniformemente sobre la mezcla de cereales.
e) Mezcle la cobertura batida y la crema agria. Extender sobre la capa de queso crema. Espolvorear por encima con chocolate. Cubra y refrigere de 4 a 24 horas. Cortar en cuadrados de 2 pulgadas.

PLATO PRINCIPAL

20. **Pollo tiramisú**

Rinde: 4 porciones

INGREDIENTES:
- 3 cucharadas de aceite de oliva
- 8 muslos de pollo, sin hueso y sin piel
- sal y pimienta para probar
- 6 dientes de ajo, picados
- 3 tallos de cebollines, picados
- 8 onzas de champiñones frescos, en rodajas
- ¾ taza de café fuerte preparado
- ¼ taza de azúcar moreno
- 6 hojas de albahaca picadas
- 8 onzas de queso mascarpone, tibio
- Arroz preparado favorito

INSTRUCCIONES:
a) En una sartén grande, a fuego medio, agregue aceite.
b) Cuando el aceite esté caliente, agregue el pollo sazonado y dore por ambos lados.
c) Retire los muslos de la sartén, colóquelos en una fuente para horno y reserve para más tarde.
d) En la misma sartén agregue el ajo, los champiñones y las cebolletas. Saltee hasta que estén tiernos.
e) Agregue el café, el azúcar moreno y la albahaca picada, y revuelva. Cocine a fuego lento durante 2 minutos.
f) Agregue queso mascarpone a la sartén y revuelva rápidamente para mezclar.
g) Vierta la salsa sobre los muslos en la fuente para hornear.
h) Hornee a 350 grados durante 30 minutos.
i) Sirva con su arroz preparado favorito.

21. Ensalada De Tiramisú

Rinde: 4 porciones

INGREDIENTES:
- ⅓ taza de queso crema
- 1 paquete de Crema multiusos, refrigerada
- ½ taza de leche condensada azucarada
- 2 cucharaditas de café instantáneo
- 20 piezas broas
- 1 lata de coctel de frutas
- 1 pieza de manzana verde, en cubos
- 1 pieza de manzana roja, en cubos

INSTRUCCIONES:
a) Con una batidora eléctrica, bata el queso crema hasta que esté suave y esponjoso.
b) Agregue la leche condensada, la crema fría y el café.
c) Continúe batiendo hasta que los ingredientes estén bien combinados.
d) Agregue ancho y frutas en un tazón para servir y luego cubra con la mezcla de crema de café. Servir frío.

22. Risotto de tiramisú

Rinde: 2 porciones

INGREDIENTES:
- 1 taza de arroz blanco de grano largo cocido
- ¼ de cebolla dulce pequeña
- 2 rebanadas de tocino
- 1 cucharadita de jarabe de arce
- 1 taza de café preparado
- ½ taza de leche
- ½ cucharada de mantequilla sin sal
- 2 cucharadas de queso mascarpone
- 1 cucharada de queso parmesano rallado
- ⅛ de cucharadita de cacao para hornear sin azúcar
- 1 huevo grande
- Sal y pimienta negra al gusto

INSTRUCCIONES:
a) Pelar y picar la cebolla.
b) En un tazón, mezcle el queso parmesano y el cacao.
c) Cocine el tocino en una sartén antiadherente a fuego medio hasta que esté crujiente. Escurrir sobre toallas de papel y luego picar el tocino. Ponga el tocino en un tazón pequeño con jarabe de arce. Revuelva para cubrir bien y reserve.
d) En una cacerola, derrita la mantequilla a fuego medio y cocine la cebolla hasta que esté transparente. Agregue el café y lleve a fuego lento. Agregue el arroz y cocine a fuego lento hasta que el café esté casi absorbido.
e) Agregue la leche y el queso mascarpone en la cacerola.
f) Cocine a fuego lento revolviendo constantemente para disolver el queso mascarpone y siga cocinando a fuego lento revolviendo con frecuencia hasta que el líquido se haya absorbido casi por completo.
g) Luego agregue la mezcla de tocino a la cacerola y agregue sal y pimienta negra al gusto.
h) Transfiera el risotto a 24 onzas del molde. Haga una abolladura en el centro del risotto y rompa el huevo.
i) Espolvoree la mezcla de queso parmesano por encima y hornee en horno precalentado a 400 grados F durante 7-8 minutos.

POSTRE

23. **Tiramisú de queso mascarpone**

Hace: 6

INGREDIENTES:
- 4 yemas de huevo
- ¼ taza de azúcar blanca
- 1 cucharada de extracto de vainilla
- ½ taza de crema para batir
- 2 tazas de queso mascarpone
- 30 dedos de dama
- 1½ tazas de café preparado helado guardado en el refrigerador
- ¾ taza de licor Frangelico
- 2 cucharadas de cacao en polvo sin azúcar

INSTRUCCIONES:
a) En un tazón, mezcle las yemas de huevo, el azúcar y el extracto de vainilla hasta que quede cremoso.
b) Después de eso, bata la crema batida hasta que esté firme.
c) Combine el queso mascarpone y la crema batida.
d) En un tazón pequeño, mezcle ligeramente el mascarpone con las yemas de huevo y déjelo a un lado.
e) Combina el licor con el café frío.
f) Sumerja los bizcochos en la mezcla de café inmediatamente. Si los dedos femeninos se mojan demasiado, se empaparán.
g) Coloque la mitad de los bizcochos en el fondo de una fuente para hornear de 9x13 pulgadas.
h) Coloque la mitad de la mezcla de relleno encima.
i) Coloque los dedos de dama restantes en la parte superior.
j) Coloque una tapa sobre el plato. Después de eso, enfríe durante 1 hora.
k) Espolvorear con cacao en polvo.

24. tiramisú vegano

Rinde: 6 porciones

INGREDIENTES:
- 1 taza de tofu firme, escurrido y prensado
- Envase de 8 onzas de queso crema vegano
- 1/2 taza de helado vegano de vainilla, suavizado
- 1 cucharadita de extracto puro de vainilla
- 1/3 taza más 1 cucharada de azúcar superfina
- 1/2 taza de café, enfriado a temperatura ambiente
- 2 cucharadas de licor de café
- 1 bizcocho vegano, cortado en rebanadas de 1/2 pulgada de grosor
- 1 cucharada de cacao en polvo sin azúcar

INSTRUCCIONES:
a) En un procesador de alimentos, combine el tofu, el queso crema, el helado, la vainilla y 1/3 de taza de azúcar. Procese hasta que quede suave y bien mezclado.
b) En un tazón pequeño, combine el café, la cucharada restante de azúcar y el licor de café.
c) Coloque una sola capa de rebanadas de pastel en un molde para hornear cuadrado de 8 pulgadas y cepille con la mitad de la mezcla de café. Espolvorear con la mitad del cacao. Extienda la mitad de la mezcla de tofu sobre el pastel. Coloque otra capa de rebanadas de pastel encima de la mezcla de tofu. Cepille con la mezcla de café restante y extienda uniformemente con la mezcla de tofu restante. Espolvorear con el cacao restante. Enfriar 1 hora antes de servir.

25. Ron Tiramisú

Rinde: 6 porciones

INGREDIENTES:
- 1 libra de queso mascarpone, muy fresco
- 1 lata grande de cerezas negras en almíbar
- ¼ taza de azúcar granulada
- 2 cucharadas de ron, más
- ⅓ taza de ron mezclado con agua y un poco de azúcar granulada extra
- 24 dedos de mujer

INSTRUCCIONES:
a) Mezcle el queso, ¼ de taza de azúcar granulada y 2 cucharadas de ron. Dividir en 3 partes iguales
b) Coloque 8 galletas una al lado de la otra en un molde para pan que sea al menos lo suficientemente grande como para acomodarlas. Vierta ⅓ del jugo de cereza oscuro enlatado sobre las galletas, distribuyéndolo uniformemente. Coloca ⅓ de la mezcla de queso sobre las galletas.
c) Coloque otras 8 galletas una al lado de la otra sobre la mezcla de queso. Remoja esta capa de galletas con la mezcla de ron. Coloque otro tercio de la mezcla de queso sobre las galletas.
d) Coloque otras 8 galletas una al lado de la otra sobre la mezcla de queso. Remoje esta capa de galletas con el ⅓ de taza restante de jarabe de cereza oscura enlatado. Coloque el tercio final de la mezcla de queso sobre las galletas.
e) Adorne con cerezas adicionales.

26. Mini Trifles De Tiramisú

Rinde: 6 porciones

INGREDIENTES:
PARA EL RELLENO DE MASCARPONE
- 20 onzas de queso mascarpone
- 3 cucharadas de azúcar
- 1 taza de crema batida espesa, fría
- ½ taza de azúcar en polvo
- 1 cucharadita de extracto de vainilla

PARA LAS GALLETAS EMPAPADAS EN ESPRESSO
- ¾ taza de agua caliente
- 3 cucharadas de espresso instantáneo en polvo
- 3 cucharadas de azúcar
- 36 melindres suaves

PARA LA NATA BATIDA KAHLUA
- ½ taza de crema batida espesa
- ¼ taza de azúcar en polvo
- 2 cucharadas de Kahlúa

INSTRUCCIONES:
a) Mezcle el queso mascarpone y el azúcar hasta que se combinen. No mezcle demasiado o el queso mascarpone puede diluirse. Dejar de lado.
b) En otro tazón, agregue la crema batida espesa, el azúcar en polvo y el extracto de vainilla y bata hasta que se formen picos rígidos.
c) Doble con cuidado la crema batida en la mezcla de queso mascarpone. Dejar de lado.
d) En otro tazón, combine el agua caliente, el espresso en polvo y el azúcar.
e) Para colocar las trifles en capas, sumerja los bizcochos en la mezcla de espresso uno a la vez y colóquelos en el fondo de la

taza de trifle. Use dos o tres bizcochos y rómpalos en pedazos según sea necesario para que quepan en la taza y creen una capa completa.
f) Coloque con una cuchara o una cuchara una capa de relleno de mascarpone encima de los bizcochos.
g) Repetir otra capa de bizcochos y relleno de mascarpone.
h) Después de completar las bagatelas, haga la crema batida.
i) Agregue la crema batida espesa, el azúcar en polvo y Kahlua a un tazón grande para mezclar y bata hasta que se formen picos rígidos.
j) Coloque un remolino de crema batida encima de cada bagatela, luego espolvoree con cacao en polvo, si lo desea.
k) Refrigere las bagatelas hasta que esté listo para servir.

27. Helado de tiramisú

Hace: 8

INGREDIENTES:
- 2 ½ tazas de crema
- 2 tazas de leche entera
- 1 vaina de vainilla, cortada por la mitad a lo largo con las semillas raspadas
- 8 yemas de huevo grandes
- ¾ taza de azúcar
- ¼ cucharadita de sal
- 20 bizcochos, y más para servir
- ¼ taza de café fuerte enfriado
- ¼ taza de licor de amaretto
- ½ taza de salsa de chocolate de buena calidad

INSTRUCCIONES:
a) Combine la crema, la leche, las raspaduras de vainilla y la vaina en una cacerola y caliente a fuego medio hasta que esté caliente pero sin hervir.
b) Retire del fuego y deje enfriar, durante unos 30 minutos.
c) Combine las yemas, el azúcar y la sal en un tazón grande y bata hasta que la mezcla haya triplicado su tamaño y esté espesa y cremosa.
d) Reduzca la velocidad de la batidora a media-baja y vierta la mezcla de leche lentamente.
e) Transfiera la mezcla nuevamente a la cacerola y cocine a fuego medio, revolviendo constantemente, hasta que esté lo suficientemente espesa como para cubrir el dorso de una cuchara.
f) Cuele la mezcla a través de un tamiz de malla en un recipiente colocado en un baño de agua con hielo.
g) Vierta la mezcla a través de un tamiz de malla en un recipiente colocado en un baño de agua con hielo.

h) Enfriar en la nevera durante al menos una hora.
i) Congelar en una máquina de helados.
j) Mientras la mezcla se congela, prepara los bizcochos. Combine partes iguales de amaretto y café fuerte y sumerja rápidamente los bizcochos en la mezcla para que se empapen por completo pero conserven su textura crujiente.
k) Antes de transferir el recipiente al congelador o de comer, incorpore la salsa de chocolate y los bizcochos empapados.
l) Enfriar en el congelador hasta que cuaje.
m) Para servir, coloque varios bizcochos en un tazón, rocíe con la mezcla de café y amaretto, y cubra con helado de tiramisú.

28. 2Tartas De Tiramisú

Rinde: 6 porciones

INGREDIENTES:

PARA LA CORTEZA:
- 4 cucharaditas de azúcar en polvo
- 2 cucharaditas de cacao en polvo de proceso holandés
- 2 cucharadas de harina para todo uso
- ½ cucharadita de maicena
- ¼ de cucharadita de espresso instantáneo en polvo
- Pizca de sal
- 1 ½ cucharadas de mantequilla fría sin sal, cortada en cubos pequeños
- Chorrito de extracto de vainilla

PARA EL LLENADO:
- 3 oz de queso mascarpone, a temperatura ambiente
- 2 cucharadas de azúcar
- 1 ½ cucharadas de marsala
- Chorrito de extracto de vainilla

PARA DECORAR:
- Una barra pequeña de chocolate semidulce o agridulce, o cacao en polvo de proceso holandés

INSTRUCCIONES:

a) Coloque el azúcar en polvo, el cacao en polvo, la harina para todo uso, la maicena, el espresso en polvo y la sal en un mini procesador de alimentos. Pulse varias veces para combinar.

b) Agregue los cubos fríos de mantequilla y la vainilla, y pulse hasta que se formen pequeñas migajas.

c) Divida el relleno entre dos moldes para tartaletas de 3 ½ pulgadas y use la parte posterior de una cucharada redonda para presionar las migas en el fondo y hacia los lados. Poner en el congelador durante al menos 15 minutos.

d) Precalentar el horno a 325 grados.

e) Coloque los moldes para tartaletas en una bandeja para hornear y hornee durante 8 a 10 minutos. Coloque sobre una rejilla para que se enfríe por completo.

f) En un tazón pequeño, mezcle el queso crema, el azúcar, el marsala y la vainilla hasta que quede suave.

g) Divida el relleno entre las dos cortezas enfriadas.

h) Para decorar, ralla un poco de chocolate semidulce o agridulce, o tamiza un poco de cacao holandés sobre cada tartaleta.

29. Tazas de pudín de chocolate blanco y tiramisú

Rinde: 6 porciones

INGREDIENTES:
- 10 dedos de dama italiana
- ½ taza de café preparado, enfriado, dividido
- 4 onzas de queso mascarpone, suavizado
- 1 ½ tazas de leche
- Paquete de 3.9 onzas de mezcla de pudín instantáneo de vainilla y chocolate blanco
- Recipiente de 8 onzas de cobertura batida, cantidad dividida
- virutas de chocolate blanco, opcional

INSTRUCCIONES:
a) Coloque los Lady Fingers en una bolsa de plástico con cierre hermético y tritúrelos con un mazo o un rodillo hasta que se formen migas gruesas.
b) Divida uniformemente las migas entre 6 platos pequeños para servir. Use una cucharadita para espolvorear migas de bizcocho con ¼ de taza de café. Usarás aproximadamente 2 cucharaditas de café por plato para servir.
c) Coloque el queso mascarpone, la leche, ¼ de taza de café y la mezcla para pudín en una licuadora y mezcle a velocidad media hasta que quede suave, aproximadamente 30 segundos.
d) Use una espátula de goma para transferir la mezcla de budín a un tazón grande. Dobla la mitad de la cobertura batida.
e) Cucharee o coloque el relleno uniformemente entre los 6 platos para servir. Cubra y enfríe durante 4 horas, o toda la noche.
f) Antes de servir, cubra con la crema batida restante y las virutas de chocolate blanco.

30. tiramisú de limón

Hace: 8-10

INGREDIENTES:
- 2 limones, jugo y ralladura de
- 4 cucharadas de brandy o 4 cucharadas de ron blanco
- 4 onzas de azúcar en polvo, dividido
- Paquete de 9 onzas de dedos de bizcocho
- Dos envases de 9 onzas de queso mascarpone
- 4 -5 cucharadas de crema de limón
- 2 huevos grandes, separados
- 150 ml de crema
- 1 limón, ralladura, finamente rallado mezclado con un poco de azúcar demerara

INSTRUCCIONES:

a) Mezcle el jugo de limón, el brandy y 2 oz de azúcar en un recipiente poco profundo.
b) Reserva para que el azúcar tenga tiempo de disolverse.
c) Prepare un molde con forma de resorte de 9 pulgadas; cubra el fondo con papel pergamino.
d) En un tazón muy limpio, usando batidores limpios, bata las claras de huevo hasta que formen picos suaves, comience lentamente, gradualmente a una velocidad más alta.
e) Montar la nata también a punto de nieve.
f) Batir el azúcar restante, el mascarpone, la cuajada de limón, las yemas de huevo y la ralladura de limón.
g) Luego incorporas la nata a la mezcla de mascarpone, seguida de las claras de huevo con una cuchara de metal.
h) Revuelva la mezcla de limón y brandy y sumerja los dedos, cubra el fondo del plato con ellos y espolvoree un poco de líquido extra sobre las galletas, por lo general tendrá suficiente.
i) Vierta la mitad de la mezcla de mascarpone sobre las galletas, sumerja los dedos restantes y colóquelos en la parte superior, rocíe nuevamente con brandy jugo de limón si le queda algo, seguido por el resto del mascarpone.
j) Nivele la parte superior con una espátula, cubra y deje en el refrigerador durante la noche.
k) Para servir, si lo usa, espolvoree la mezcla de limón y azúcar por encima, retírelo de la lata, colóquelo en un plato para servir y córtelo en gajos.

31. Tarta de tiramisú de calabaza y especias

Rinde: Una tarta de 9 pulgadas

INGREDIENTES:
- 1 ½ tazas de crema espesa
- 2 huevos grandes, separados
- ⅓ taza más 1 cucharada de azúcar
- 1 taza de mascarpone, a temperatura ambiente
- ½ taza de puré de calabaza en lata
- 1 ½ cucharaditas de especias para pastel de calabaza
- 1 ½ tazas de espresso preparado, a temperatura ambiente
- Paquete de 5.3 onzas de bizcochos
- Chocolate agridulce o semidulce, para rasurar

INSTRUCCIONES:

a) En el tazón de una batidora de pie equipada con el accesorio para batir, bata la crema a velocidad media-alta hasta que se formen picos rígidos; transferir a un tazón pequeño y refrigerar.

b) En el tazón limpio de la batidora de pie equipada con el accesorio para batir limpio, bata las claras de huevo a alta velocidad hasta que se formen picos suaves. Agrega 1 cucharada de azúcar y bate hasta que se formen picos rígidos; Transferir a un tazón pequeño.

c) En el tazón limpio de la batidora de pie equipada con el accesorio para batir limpio, mezcle las yemas de huevo y el ⅓ de taza de azúcar restante a alta velocidad hasta que espese y adquiera un color amarillo pálido. Agregue suavemente el mascarpone, el puré de calabaza, las especias para pastel de calabaza y un tercio de la crema batida a la mezcla de yema de huevo. Agregue suavemente las claras de huevo batidas y refrigere.

d) Coloque el espresso en un plato poco profundo. Sumerja ambos lados de los bizcochos en el espresso y colóquelos en un molde para pastel de 9 pulgadas para cubrir completamente el fondo. Cubra con la mitad de la mezcla de calabaza, más bizcochos bañados en espresso y la mezcla de calabaza restante. Cubra el pastel con la crema batida restante y las virutas de chocolate. Refrigere por 8 horas o hasta toda la noche, hasta que esté listo para servir.

32. Pasteles de tiramisú

Rinde: 6 porciones

INGREDIENTES:
GALLETAS:
- 2 tazas de harina de almendras
- 3 cucharadas de proteína de suero sin sabor
- ½ taza de edulcorante granulado de fruta del monje
- 2 cucharaditas de polvo de hornear
- ½ cucharadita de bicarbonato de sodio
- ½ cucharadita de sal
- ½ taza de mantequilla cortada en cubos pequeños
- ½ taza de sustituto de azúcar bajo en carbohidratos o ½ taza de su edulcorante bajo en carbohidratos favorito
- 2 huevos grandes
- 1 cucharadita de extracto de vainilla
- ½ taza de crema agria entera
- cacao en polvo para espolvorear

RELLENO:
- ¼ taza de café espresso frío o café fuerte
- 1 cucharada de ron oscuro
- 8 onzas de queso mascarpone
- 2 cucharadas de sustituto de azúcar bajo en carbohidratos
- pizca de sal
- ½ taza de crema espesa
- 2 cucharaditas de extracto de vainilla
- 2 cucharaditas de ron oscuro opcional o sub con el licor de su elección

INSTRUCCIONES:

a) Precaliente el horno a 350 °F. Rocía el molde para pay whoopie con spray antiadherente.
b) Mezcle la harina de almendras, la proteína en polvo, el edulcorante de azúcar moreno, el polvo de hornear, el bicarbonato de sodio y la sal en un tazón. Dejar de lado.
c) Bate la mantequilla y el azúcar con una batidora a velocidad media-alta, hasta que quede cremoso; unos 2 minutos. Agregue los huevos y 1 cucharadita de vainilla, batiendo hasta incorporar. Raspe los lados del tazón. Agregue la crema agria, luego seque la mezcla.
d) Usando una cucharadita pequeña, vierta la masa en cada molde para pastel whoopie, llenando aproximadamente ⅔ del espacio. Coloque un poco de cacao en polvo en un colador pequeño y espolvoree un poco del cacao en polvo sobre cada cucharada de masa.
e) Hornee hasta que los bordes estén dorados, unos 10-12 minutos.
f) Deje enfriar sobre una rejilla durante unos 10 minutos, luego retire las galletas de la sartén y deje que se enfríen.
g) Una vez enfriado, voltea las galletas boca abajo sobre la rejilla.
h) Mezcle el espresso y 3 cucharadas de ron oscuro en un tazón pequeño. Extienda aproximadamente ¼ de cucharadita del líquido de espresso en la parte inferior de cada galleta.
i) Bate el queso mascarpone, el sustituto de azúcar bajo en carbohidratos, la sal, la crema espesa de vainilla y 1 cucharada de ron oscuro con una batidora hasta que quede suave. Vierta algunas de las mezclas de queso mascarpone sobre la mitad de chocolate de las galletas. Coloque la otra mitad de las galletas encima.
j) Sirva inmediatamente o coloque en el refrigerador.

33. torta de queso tiramisú

Hace: 12

INGREDIENTES:
CORTEZA:
- Paquete de 12 onzas de bizcochos
- ¼ taza de mantequilla sin sal, derretida
- 2 cucharadas de licor con sabor a café

RELLENO:
- Tres paquetes de 8 onzas de queso crema ablandado
- Envase de 8 onzas de queso mascarpone ablandado
- 1 taza de azúcar blanca
- 2 cucharadas de licor con sabor a café
- ¼ taza de harina para todo uso
- 2 huevos grandes
- 1 cucharadita de crema espesa, o más según sea necesario
- ¼ de onza de chocolate semidulce

INSTRUCCIONES:

a) Precaliente el horno a 350 grados F.
b) Coloque una fuente de agua en la rejilla más baja del horno.
c) Hacer la corteza: triturar los bizcochos en migajas finas. Coloque las migas en un recipiente con mantequilla derretida y licor con sabor a café; revuelva hasta que se combinen uniformemente. Presione en el fondo de un molde desmontable de 9 pulgadas.
d) Haz el relleno: bate el queso crema, el queso mascarpone y el azúcar en un tazón grande con una batidora eléctrica hasta que quede muy suave, de 2 a 3 minutos. Raspe los lados del tazón y mezcle el licor con sabor a café. Agrega la harina y los huevos; mezcle a baja velocidad hasta que quede suave. Si la masa parece demasiado espesa, mezcle con crema espesa. Vierta la masa sobre la corteza.
e) Hornee en la rejilla central del horno precalentado hasta que esté listo, de 40 a 45 minutos.
f) Abra la puerta del horno, apague el fuego y deje que la tarta de queso se enfríe en la rejilla central durante 20 minutos. Retire del horno, transfiera a una rejilla y deje enfriar por completo durante unos 30 minutos más.
g) Refrigere por lo menos 3 horas, o toda la noche.
h) Cuando esté listo para servir, ralle el chocolate semidulce por encima. Pase la punta de un cuchillo de mesa por los bordes de la sartén, luego desenganche y retire los lados. Deslice suavemente la tarta de queso de la base de la sartén y colóquela en un plato para servir.

34. Mangomisú

Rinde: 6 porciones

INGREDIENTES:
- 500 g de queso mascarpone
- 600ml de crema espesa
- ⅓ taza de azúcar glas
- 2 yemas de huevo
- 1 vaina de vainilla, dividida, con las semillas raspadas
- ½ taza de gran marnier
- Jugo de 2 naranjas
- 300 g de bizcochos
- 3 mangos, carne en rodajas de 1 cm de espesor
- Salsa de frambuesas
- ¼ taza de azúcar en polvo
- 250 g de frambuesas frescas o frambuesas congeladas
- Jugo de 1 limón

INSTRUCCIONES:

a) Cubra la base de un molde para pasteles desmontable de 22 cm con una envoltura de plástico o papel para hornear. Coloque el mascarpone, la crema espesa, el azúcar glas, las yemas de huevo y las semillas de vainilla en el tazón de una batidora eléctrica y bata a alta velocidad hasta que espese y esté bien combinado.

b) Combine el Grand Marnier y el jugo de naranja en un recipiente aparte. Sumerja la mitad de los bizcochos en la mezcla de jugo y colóquelos en la base del molde para pasteles. Unte con un tercio de la mezcla de mascarpone y cubra con un tercio de las rodajas de mango. Repita el proceso, luego cubra con la mezcla restante de mascarpone, reservando las rebanadas de mango restantes para servir. Cubra el pastel y enfríe durante 2 horas o hasta que esté firme.

c) Mientras tanto, para la salsa de frambuesa, coloca el azúcar y 2 cucharadas de agua en una cacerola pequeña a fuego medio, revolviendo para disolver el azúcar. Deje enfriar un poco, luego agregue las bayas y el jugo de limón. Triture en un procesador de alimentos hasta que quede suave, luego páselo por un colador. Enfriar hasta que esté listo para servir.

d) Para servir, retire con cuidado los lados y la base del molde para pasteles y transfiera el mangomisu a un plato.

e) Decore con rizos del mango reservado, luego rebane y sirva con salsa de bayas.

35. tiramisú de matcha

Hace: 9

INGREDIENTES:
CAFÉ PREPARADO
- ¾ taza de café preparado
- 1 cucharada de amaretto opcional

CREMA DE MASCARPONE
- ⅓ taza de leche condensada
- 1 cucharada de polvo de matcha
- 3 yemas de huevo
- 8 onzas de queso mascarpone
- 2 cucharadas de café preparado
- 1 cucharadita de extracto de vainilla
- 1 taza de crema espesa

MONTAJE DE TIRAMISÚ
- 40 melindres
- 1 cucharada de polvo de matcha

INSTRUCCIONES:

a) Combine su café preparado con amaretto en un tazón. Dejar de lado.
b) Mezclar la leche condensada y el matcha hasta obtener un color verde uniforme. Tamizar el polvo de matcha en la leche condensada.
c) A continuación, haz tu relleno de mascarpone. Llevar unas tazas de agua a fuego lento en una cacerola pequeña.
d) Agregue las yemas de huevo y la leche condensada matcha a un tazón. Coloque el tazón sobre el agua hirviendo y mezcle hasta que la mezcla de huevo se vuelva de un color verde más claro. Retire del fuego.
e) Agregue el queso mascarpone, el café preparado y el extracto de vainilla a la mezcla de huevo y mezcle hasta que estén bien incorporados.
f) Batir la crema espesa hasta que forme picos rígidos. Doble suavemente la crema en la mezcla de mascarpone del paso 5. Reserve.
g) Ahora es el momento de armar tu tiramisú. Sumerja ligeramente un dedo de dama en el café preparado y colóquelo en una fuente para hornear de 9 × 9. Repita este proceso hasta que la parte inferior esté cubierta con bizcochos.
h) Vierta la mitad de la crema de mascarpone en los dedos de las damas. Extiéndalo en una capa uniforme sobre los dedos de las damas. Repita este proceso con una segunda capa de bizcochos y luego una segunda capa de queso mascarpone.
i) Tamiza el polvo de matcha encima de la segunda capa de crema de mascarpone.
j) Cubra el tiramisú y colóquelo en el refrigerador. Déjalo reposar en la nevera durante 6 horas o toda la noche. Para obtener el mejor sabor y textura, déjelo reposar en el refrigerador durante la noche.

36. Tiramisú de mousse de chocolate y caramelo

Hace: 12

INGREDIENTES:
- 400 g de chocolate negro, picado
- 400 g de chocolate con leche, troceado
- 6 huevos, separados
- 1 ½ hojas de gelatina de titanio, ablandadas en agua fría durante 5 minutos
- Crema espesa 900ml
- 2 cucharaditas de pasta de vainilla
- ½ taza de azúcar en polvo
- 1 taza de licor de café
- 400 g de bizcochos ladyfinger
- Cacao, para espolvorear

MOUSSE DE CARAMELO
- Crema espesa 800ml
- 2 hojas de gelatina de fuerza de titanio, ablandadas en agua fría durante 5 minutos
- 2 frascos de 250 g de dulce de leche comprado en la tienda, batido ligeramente para aflojar

INSTRUCCIONES:
a) Coloque los chocolates en un recipiente resistente al calor colocado sobre una cacerola con agua hirviendo a fuego lento y revuelva hasta que se derrita y esté suave. Enfríe un poco, luego transfiéralo a una batidora de pie con el accesorio de paleta.
b) Batir las yemas de huevo.
c) Coloque 300 ml de nata en una cacerola pequeña a fuego lento y cocine a fuego lento. Exprima el exceso de agua de la gelatina y revuelva en la crema hasta que se derrita y se combine. En 3 lotes, mezcle con la mezcla de chocolate hasta que quede suave. Transfiera a un tazón grande y limpio.
d) Batir los 600 ml restantes de nata con la vainilla a punto de nieve. Enfriar.

e) Coloque las claras de huevo en una batidora de pie con el accesorio para batir y bata a punto de nieve. Agregue azúcar, 1 cucharada a la vez, y bata hasta que se disuelva y la mezcla esté brillante.
f) Doble la crema batida en una mezcla de chocolate, luego, en 2 lotes, doble las claras de huevo batidas. Enfríe hasta que esté listo para ensamblar.
g) Para la mousse de caramelo, coloque 200 ml de nata en una cacerola pequeña a fuego lento y cocine a fuego lento. Exprima el exceso de agua de la gelatina y revuelva en la crema hasta que se derrita y se combine. Enfriar un poco. Coloque los 600 ml de crema restantes en una batidora de pie con el accesorio para batir y bata hasta obtener picos suaves. Incorpore la mezcla suelta de dulce de leche y gelatina hasta que se mezclen. Enfriar durante 30 minutos.
h) Colocar el licor de café en un bol amplio. Mojar la mitad de los bizcochos ladyfinger en licor y disponerlos en doble capa en la base de una fuente de 6L. Vierta sobre la mitad de la mousse de chocolate. Sumerja las galletas restantes en licor y colóquelas en una capa doble sobre la mousse. Cubra con mousse de caramelo, alisando la parte superior con una espátula. Refrigere durante 2-3 horas hasta que cuaje. Coloque la mousse de chocolate restante en una manga pastelera provista de una boquilla plana de 1 cm y refrigere hasta que esté lista para usar.
i) Coloque la mousse de chocolate restante sobre la parte superior de la mousse de caramelo. Refrigere durante 4-5 horas o toda la noche hasta que cuaje. Espolvorear con cacao, para servir.

37. Potes de crema de tiramisú

Hace: 8

INGREDIENTES:
- 2 tazas de azúcar en polvo
- 12 yemas de huevo
- 2 vainas de vainilla, partidas, con las semillas raspadas
- 1,2 L de nata pura, más ¼ de taza extra
- 2 cucharadas de café instantáneo granulado
- 50 g de mantequilla sin sal, picada
- 4 bizcochos de bizcocho, desmoronados
- 2 cucharadas de Frangelico
- 1 cucharada de avellanas finamente picadas
- 400 g de mascarpone de buena calidad
- 1 cucharadita de extracto de vainilla
- Cacao en polvo de buena calidad, para espolvorear

INSTRUCCIONES:

a) Precalentar el horno a 140°C.
b) Batir el azúcar y las yemas de huevo en un tazón hasta que estén pálidos.
c) Coloque las vainas y las semillas de vainilla en una cacerola grande con la crema y el café, y deje que hierva, revolviendo para disolver el café. Vierta lentamente sobre la mezcla de huevo, batiendo constantemente, hasta que se mezclen.
d) Regrese la mezcla de huevo a la sartén limpia y colóquela a fuego medio-bajo.
e) Cocine, revolviendo constantemente, de 6 a 8 minutos o hasta que espese y la mezcla de huevo cubra el dorso de la cuchara. Divida entre ocho platos aptos para horno de ¾ de taza y colóquelos en una asadera grande. Agregue suficiente agua hirviendo para llegar a la mitad de los lados de la sartén.
f) Cubra la fuente con papel aluminio y colóquela cuidadosamente en el horno. Hornee durante 30 minutos hasta que esté listo con un suave bamboleo en el centro. Enfríe a temperatura ambiente, luego enfríe durante 2 horas o hasta que cuaje.
g) Cuando esté listo para servir, derrita la mantequilla en una sartén durante 2-3 minutos o hasta que se dore como una nuez. Agregue los bizcochos y cocine, revolviendo, durante 3-4 minutos o hasta que estén tostados. Agregue Frangelico y avellanas, y revuelva para combinar. Fresco. Revuelva suavemente el mascarpone, la vainilla y la crema extra en un tazón.
h) Vierta la mezcla de mascarpone encima de las natillas. Espolvorea con la miga de bizcocho y el cacao para servir.

38. Magdalena de tiramisú

Rinde: 12-14 pastelitos

INGREDIENTES:
CUPCAKES
- 6 cucharadas de mantequilla salada, temperatura ambiente
- ¾ tazas de azúcar
- 2 cucharaditas de extracto de vainilla
- 6 cucharadas de crema agria
- 3 claras de huevo
- 1¼ tazas de harina para todo uso
- 2 cucharaditas de polvo de hornear
- 6 cucharadas de leche
- 2 cucharadas de agua

RELLENO DE TIRAMISÚ
- 2 yemas de huevo
- 6 cucharadas de azúcar
- ½ taza de queso mascarpone
- ½ taza de crema batida espesa
- 2½ cucharadas de agua tibia
- 1 cucharada de gránulos de café espresso instantáneo
- ¼ taza Kahlúa

INSTRUCCIONES:
HACER LAS MAGDALENAS

a) Precaliente el horno a 350 grados y prepare un molde para cupcakes con moldes para cupcakes.
b) Bate la mantequilla y el azúcar hasta que adquiera un color claro y esté esponjoso, unos 2-3 minutos.
c) Agregue el extracto de vainilla y la crema agria y mezcle hasta que estén bien combinados.
d) Agregue las claras de huevo en dos tandas, mezcle hasta que estén bien combinadas.
e) Combine los ingredientes secos en otro tazón, luego combine la leche y el agua en otro tazón.
f) Agregue la mitad de los ingredientes secos a la masa y mezcle hasta que estén bien combinados. Agregue la mezcla de leche y

mezcle hasta que esté bien combinado. Agregue los ingredientes secos restantes y mezcle hasta que estén bien combinados.
g) Rellena los moldes para cupcakes hasta la mitad. Hornee durante 15-17 minutos, o hasta que al insertar un palillo, éste salga con algunas migajas.
h) Retire las magdalenas del horno y deje que se enfríen durante 2-3 minutos, luego retírelas a una rejilla para que terminen de enfriarse.

HACER EL RELLENO Y LLENAR LOS CUPCAKES
a) Mientras los cupcakes se enfrían, hacemos el relleno. Combine las yemas de huevo y el azúcar en la parte superior de una caldera doble, sobre agua hirviendo. Si no tiene una caldera doble, puede usar un tazón de metal para mezclar sobre una olla con agua hirviendo.
b) Cocine durante unos 6-8 minutos, con el fuego bajo, revolviendo constantemente, o hasta que la mezcla tenga un color claro y el azúcar se disuelva. Si la mezcla comienza a volverse demasiado espesa y de un color amarillo más oscuro, está demasiado cocida.
c) Cuando esté listo, bata las yemas con una batidora hasta que espesen y se pongan un poco amarillas.
d) Doble el queso mascarpone en yemas batidas.
e) Agregue crema batida espesa a otro tazón de batidora y bata hasta que se formen picos rígidos, aproximadamente de 5 a 7 minutos.
f) Doble la crema batida en la mezcla de mascarpone.
g) En otro tazón pequeño, combine agua tibia, espresso y Kahlua.
h) Una vez que los cupcakes estén fríos, corta los centros.
i) Rocíe aproximadamente 1 cucharada de la mezcla de espresso sobre el interior de los agujeros de las magdalenas, luego rellénelos con el relleno de tiramisú.

39. Mini Vasitos de Tiramisú

Hace: 5

INGREDIENTES:
PARA LAS COPAS DE TIRAMISÚ
- 200 g Ladyfingers comprados en la tienda
- 300 g Mascarpone 41% materia grasa, úsalo frío
- 240 g de Crema Pesada 36% grasa, muy fría
- 70 g de azúcar en polvo tamizada

PARA EL MONTAJE
- 1 taza de café espresso fuerte ligeramente endulzado para remojar las mariquitas
- Unas cucharadas de cacao en polvo sin azúcar procesado en Holanda para decorar la parte superior
- Mariquitas para decorar

INSTRUCCIONES:
a) En un tazón, mezcle el mascarpone, la crema espesa y el azúcar en polvo con la ayuda de una batidora manual eléctrica durante unos minutos hasta obtener picos rígidos.
b) Remoje suavemente los bizcochos en espresso recién preparado y comience a colocarlos en capas en una taza, comenzando con los bizcochos empapados en café y terminando con la crema de mascarpone.
c) Alise la parte superior con una espátula o cuchara compensada y refrigere las copas de tiramisú durante un mínimo de 1 hora para que se ablande el bizcocho.
d) Después de que el tiramisú cuaje en el refrigerador, espolvoréelo con cacao en polvo y decórelo con más bizcochos.

40. Hojaldres De Crema De Tiramisú

Hace: 15

INGREDIENTES:
PARA EL CHOUX
- ½ taza de agua
- 4 cucharadas de mantequilla sin sal
- ½ cucharadita de azúcar
- Pizca de sal
- ½ taza de harina para todo uso
- 2 huevos grandes

PARA LA CREMA DE TIRAMISÚ:
- 4 onzas de queso mascarpone, a temperatura ambiente fresca
- 2 cucharadas de licor de café
- 1 taza de crema batida espesa
- ¾ taza de azúcar en polvo

PARA LA GANACHE:
- ⅓ taza de crema batida espesa
- 4 onzas de chocolate negro picado

INSTRUCCIONES
PARA EL CHOUX:

a) Precaliente el horno a 425 grados y cubra una bandeja para hornear con una hoja de papel pergamino.

b) En una cacerola mediana a fuego medio, combine el agua, la mantequilla, el azúcar y la sal hasta que la mantequilla se haya derretido y la mezcla esté hirviendo. Retire la cacerola del fuego y agregue toda la harina, revolviendo vigorosamente para combinar.

c) Después de unos momentos de agitación, la masa formará una bola húmeda que se desprenderá de los lados de la sartén. Regrese la sartén al fuego para cocinar, batiendo la masa con una cuchara de madera o una espátula de goma durante 3 minutos. Vierta la masa en un tazón grande y agregue los huevos uno a la vez, revolviendo vigorosamente después de cada adición para combinar.

d) La masa debe ser lo suficientemente viscosa para mantener un pico suave cuando saques la cuchara de madera. Si está demasiado rígido, agregue una cucharadita o dos de agua. Saque la mezcla en la manga pastelera y exprima bolas redondas de masa del tamaño de una cucharada, aproximadamente a 2 pulgadas de distancia en la fuente preparada. Apenas humedezca la yema de un dedo para suavizar los picos en las rondas para que sean discos redondeados, similares a la forma de una galleta macaron horneada.

e) Hornee en el horno precalentado durante 10 minutos, luego disminuya la temperatura del horno a 350 y hornee de 15 a 20 minutos adicionales, o hasta que las bocanadas estén doradas. Permita que se enfríe antes de usar.

PARA LA CREMA DE TIRAMISÚ:

a) Bate el mascarpone y el licor de café con una batidora manual a velocidad media durante unos 30 segundos o hasta que quede suave. En un tazón grande o en el tazón de una batidora de pie, bata la crema batida espesa a velocidad media hasta que espese un poco.

b) Agregue el azúcar en polvo y continúe batiendo hasta que se formen picos rígidos. Use una espátula de goma para incorporar suavemente la mezcla de mascarpone a la crema batida. Reservar en la nevera hasta que las bolitas de crema se hayan enfriado a temperatura ambiente. Cuando esté listo para llenar, corte una pequeña hendidura en la parte superior de cada hojaldre de crema.
c) Vierta la crema de tiramisú en una manga pastelera con boquilla redonda y rellene cada hojaldre con crema hasta llenar. Reserva mientras haces la ganache.

PARA LA GANACHE:
a) Caliente la crema espesa para batir en el microondas o en la estufa hasta que esté humeante. Vierta la crema caliente sobre la parte superior del chocolate picado en un tazón pequeño y cubra todo con una hoja de envoltura de plástico.
b) Después de 5 minutos, revuelve la mezcla hasta que quede suave y vierte una cucharada de ganache encima de cada hojaldre. Alternativamente, puede mojar las bolitas de crema.
c) El ganache se reafirmará a medida que fragüe, así que asegúrese de recalentarlo suavemente según sea necesario.

41. Tiramisú de pastel de patata dulce

Rinde: 16 porciones

INGREDIENTES:
- 8 onzas de queso mascarpone, ablandado
- ½ taza de azúcar granulada más una cucharada separada
- ⅓ taza de azúcar morena envasada
- 15 onzas de camote en almíbar, escurrido y machacado
- ½ cucharadita de canela molida y más para decorar
- ¼ de cucharadita de nuez moscada molida
- 2 cucharadas de extracto puro de vainilla separadas
- 2 ½ tazas de crema batida fresca separadas
- ¼ taza de café tibio
- 17.5 onzas de bizcochos
- 6 galletas de jengibre desmoronadas

INSTRUCCIONES
PARA HACER EL RELLENO:

a) Agregue queso mascarpone y ½ taza de azúcar granulada y todo el azúcar moreno a una batidora de pie y bata hasta que quede suave.
b) Luego agregue puré de camote, canela, nuez moscada y 1 cucharada de extracto de vainilla y bata hasta que esté bien incorporado.
c) Por último, agregue 1 ½ tazas de crema batida a la mezcla de camote y reserve.

PARA MONTAR EL TIRAMISU:

a) Agregue la cucharadita restante de extracto de vainilla a un tazón con café y mezcle.
b) Coloque una fila completa de bizcochos en el fondo de un molde desmontable de 9 pulgadas.
c) Vierta la mitad de la mezcla de café caliente sobre los bizcochos para remojarlos.
d) Luego, tome la mitad de la mezcla de camote y alise sobre la parte superior de los bizcochos.
e) A continuación, cree otra capa repitiendo todos los pasos, comenzando con agregar otra fila de bizcochos, vertiendo salsa de café sobre los bizcochos y finalmente agregando el resto de la mezcla de camote.
f) Por último, tome la 1 taza restante de crema batida y mezcle la cucharada restante de azúcar granulada, y extienda sobre la parte superior del tiramisú.
g) Adorne la parte superior del tiramisú con galletas de jengibre desmenuzadas sobre la cobertura batida y un poco de canela molida.
h) Coloque el molde desmontable en el refrigerador durante al menos 4 horas antes de servir.

42. Copa de Tiramisú Clásico

INGREDIENTES:
- 1 kg de mascarpone
- 200 g Leche
- 800 g Nata con 35% de grasa
- 200 g de azúcar
- 40 g de yema de huevo
- Para montaje:
- 500 g de bizcochos
- 400 g de café negro
- 80 g de licor de almendras amargas Amaretto

INSTRUCCIONES:
a) Calienta la leche con el azúcar hasta que hierva y retira del fuego.
b) En el vaso de la batidora, batir las yemas de huevo hasta que se pongan blancas, añadir el Mascarpone y la nata y batir hasta montar.
c) Cuando la mousse esté completamente batida, vierta lenta y gradualmente la mezcla de leche y azúcar.
d) Poner en una manga pastelera y usar inmediatamente.
e) Coloque dos piezas de bizcochos cubriendo el fondo de los vasos de 125ml.
f) Mezclar el café y el licor de almendras amargas y con ayuda de una jarra, humedecer las tortas en los vasos con la mezcla de café sin llegar a mojarlas por completo.
g) Llena el vaso con mousse de mascarpone y deja ½ centímetro de espacio hasta el borde.
h) Espolvorear con cacao en polvo.

43. Tarta Tiramisú

INGREDIENTES:
PARA EL PASTEL DE MARIQUITA:
- 300 g claras de huevo
- 270 g de azúcar
- 160 g de yemas de huevo
- 200 gr de harina
- 70 g de maicena

PARA LA CREMA DE MASCARPONE Y CAFÉ:
- 500 g Mascarpone
- 215 g Leche entera
- 126 g de azúcar
- 146 g de yema de huevo
- 100 g de café instantáneo
- 3 g Hojas de gelatina

PARA LA MOUSSE DE MASCARPONE:
- 474 g Mascarpone
- 120 g Nata con 35% de grasa
- 160 g de azúcar
- 160 g de yema de huevo
- 20 g Leche
- 20 g Leche
- 6 g Hojas de gelatina
- 30g Nata (82% grasa)

INSTRUCCIONES:
LENGUA DE GATO:
a) Batir las claras de huevo con el azúcar. Añadir las yemas de huevo. Tamizar la maicena junto con la harina y mezclar suavemente con la masa. Colocar botones del tamaño deseado y cocinar a 190ºC.
b) Mascarpone y crema de café:
c) Mezclar la leche, el azúcar y la yema de huevo y cocer a 85ºC. A continuación añadimos las hojas de gelatina, que habremos remojado previamente, y el café instantáneo. Dejar enfriar la mezcla a 50ºC y añadir el Mascarpone. Emulsionar con batidora.

MOUSSE DE MASCARPONE:
a) Batir las yemas de huevo en la licuadora. Mezclar el azúcar y el agua. Cocinar y llevar a 120ºC. Verter poco a poco y lentamente sobre las yemas batidas. Deja que se ponga esponjoso.
b) Añadir las hojas de gelatina disueltas en la leche. Aparte montar la nata junto con el Mascarpone.
c) Mezclar las dos masas con delicadeza. Usar inmediatamente.

PRESENTACIÓN:
a) Colocar una parte de la crema de mascarpone y café en el fondo del molde. Cubrir con un disco de bizcochos empapados en café y sirope de amaretto.
b) Encima, colocar otra parte de mousse de mascarpone.
c) Cubrir nuevamente con un disco de bizcochos empapados en café y sirope de amaretto. Retirar el resto de la mousse de mascarpone y cubrir con el crumble de cacao. Terminar con cacao en polvo.
d) Conservar en frío a +4ºC.

44. Mousse de tiramisú para rellenos en bollería y repostería

INGREDIENTES:
- 500 g Mascarpone
- 400 g de nata con un 35% de materia grasa
- 150 g de azúcar
- 40 g de yema de huevo
- 1 cucharada de café instantáneo
- 15 g de licor de almendras Cacao en polvo

INSTRUCCIONES:
a) En un bol colocar las yemas de huevo, junto con el azúcar, cocer las yemas al baño maría hasta que blanqueen, añadir el licor de almendras, batir unos segundos más y retirar del baño maría.
b) Dejar reposar a temperatura ambiente y añadir el Mascarpone y la nata, mezclar hasta conseguir una crema homogénea y sin grumos.
c) Agregue el café instantáneo y mezcle.
d) Colocar en una manga pastelera con boquilla y rellenar los trozos deseados, espolvorear con cacao.

45. **Churromisú**

INGREDIENTES:
PARA LA BASE DE CHURROS:
- 170 gr de harina
- 310 g de agua
- 3 g de sal
- 1 litro de aceite de girasol
- **PARA LA MOUSSE:**
- 500 g Mascarpone
- 240 g Nata con un 35% de materia grasa.
- 20 g de yema de huevo
- 75 g de azúcar
- 50 g Leche
- 5 g de café instantáneo
- Para montaje:
- 30 g de azúcar glas
- 20 g de cacao en polvo

INSTRUCCIONES:
base de churros
a) Mezclar la harina con la sal en un bol y luego llevar el agua a ebullición y verter sobre la harina.
b) Triturar con una cuchara hasta que quede uniforme y colocar la masa en una churrera con boquilla fina.
c) Dosificar directamente en el aceite caliente, formando un óvalo.
d) Freír en aceite de girasol muy caliente hasta que se dore. Escurrir el aceite sobre papel absorbente.
e) Colócalo como nuestra base de Churromisú.

Mousse de mascarpone:
a) En un bol, mezclar la yema de huevo con el café y el azúcar, y batir a punto de nieve.
b) Añadir a la mezcla el Mascarpone y la nata y batir hasta que se convierta en una mousse. Hazlo poco a poco para que no pierda la aireación.
c) Dosificar sobre la base de churro individual
d) Asamblea:
e) Espolvorea la parte superior con un poco de cacao en polvo.

46. Copa de Tiramisú con frutos rojos

INGREDIENTES:
- 6 melindres secos
- 375 g Mascarpone
- 50 g de azúcar
- 2 yemas de huevo
- 1 clara de huevo
- 190 g de bayas
- 100 g de agua
- 75 mililitros de ron
- Frambuesas y arándanos para decorar

INSTRUCCIONES:

a) Separar las claras de las yemas y reservar.
b) En un bol, mezclar el azúcar y el Mascarpone hasta obtener una crema homogénea.
c) Añadimos las yemas de huevo una a una y removemos enérgicamente, añadimos el licor.
d) Batir una de las claras de huevo y agregar poco a poco a la mezcla de mascarpone, reservar.
e) Aparte, poner a hervir el agua junto con el azúcar y los frutos rojos, dejar hervir unos segundos, retirar y triturar, colocar en un recipiente hondo y sumergir bien las tortas en esta mezcla, dejándolas en remojo.
f) En las copas, colocar las tortas empapadas con los frutos rojos, y luego la crema de mascarpone.
g) Dejar enfriar y decorar con frutos rojos por encima.

47. Flan de Tiramisú Sin Lactosa

INGREDIENTES:

para el caramelo
- 150 g de azúcar
- 15 g de agua
- 10 g de jugo de limón

para el flan
- 284 g Mascarpone 0% Lactosa
- 284 g de leche sin lactosa
- 270g Huevo (4 L huevos)
- 160 g de azúcar
- 10g de café instantáneo

INSTRUCCIONES:

Caramelo:
a) En un cazo ponemos el azúcar, el limón y el agua.
b) Poner a fuego medio y dejar hasta que se dore.
c) Colocar el caramelo caliente en el molde dariole.

Flan:
a) Mezcla Mascarpone 0% Lactosa con todos los demás ingredientes con la ayuda de una batidora.
b) Verter la mezcla cremosa en el molde caramelizado y cocinar a 150ºC en el horno al baño maría durante 30 minutos.
c) Retirar del horno y reservar en el frigorífico durante 2 horas antes de desmoldar.

48. Brownie de tiramisú sin lactosa

INGREDIENTES:
- 250 g de mascarpone
- 250 g de azúcar
- 200 g de huevos
- 160g cobertura de chocolate sin lactosa (55%)
- 130 g de harina de repostería normal
- 130 g de nueces
- 3cucharadas de café hecho (opcional)

INSTRUCCIONES:
a) En el vaso de la batidora ponemos el huevo junto con el azúcar y mezclamos bien.
b) Aparte, derretir la cobertura de chocolate y mezclar con Mascarpone 0% Lactosa.
c) Opcionalmente puedes añadir a la mezcla anterior 3 cucharadas de café ya preparado para darle un sabor más clásico a tiramisú.
d) Añadir la masa con huevo y azúcar a la mezcla de chocolate y mascarpone. Mezclar con cuidado.
e) Para finalizar, añadimos la harina tamizada junto con las nueces troceadas. Mezclar y llenar un molde aceitado y enharinado.
f) Cocinar a 170ºC entre 30 y 45 min.
g) Dejar enfriar y decorar con frutos rojos por encima.

49. tiramisú de lima

INGREDIENTES:

Para el desmoronamiento:
- 300 g de mantequilla
- 400 g de azúcar
- 400 g de harina de repostería normal
- 5 g de sal
- Para la crema de mascarpone y lima:
- 500 g Mascarpone
- 1.250 g Leche entera
- 420 g de azúcar
- 210 g de maicena
- 550 g de yema de huevo
- 20 g de piel de lima o limón rallada
- Para el merengue suizo:
- 400 g Claras de huevo
- 600 g de azúcar

INSTRUCCIONES:

Base desmoronada:

a) Mezclar todos los ingredientes hasta obtener una masa quebradiza.
b) Hornear a 160ºC durante 25 minutos.
c) Templar ligeramente la masa y pasarla por el robot amasador con el brazo espiral para generar pequeños trozos del tamaño de la suciedad.
d) Hornear a 180ºC durante 10 minutos más.
e) Mantener a temperatura ambiente.
f) **Crema de mascarpone y lima:**

a) Mezclar la fécula con el azúcar y 300 g de leche y batir. Añadir las yemas de huevo.
b) Aparte, en un cazo, calentar el Mascarpone junto con el resto de la leche y la piel de lima hasta que hierva, añadir la mezcla de azúcar y remover hasta que vuelva a hervir.
c) Retirar del fuego
d) Remueve mientras se enfría para evitar la formación de grumos.
e) Una vez frío, colocar en una manga pastelera

merengue suizo:
a) Poner todo junto a calentar al baño maría y remover hasta que la mezcla alcance los 55ºC.
b) Colocar en la licuadora y mezclar hasta que se enfríe a alta velocidad y batir
c) Colocar en una manga pastelera.

Asamblea:
a) Coloque el crumble en el fondo de un vaso o taza.
b) Rellenar con mascarpone y crema de lima.
c) Dosificar el merengue sobre la nata como decoración. (También se puede sopletear para darle un toque tostado).
d) Rallar la piel de lima sobre la superficie.

50. Tiramisú con té matcha, manzana y lima

INGREDIENTES:

Para la base de bizcocho
- 5 claras de huevo
- 3 yemas de huevo
- 85 gr de harina
- 1 cucharadita de maicena
- 75 g de azúcar
- Azúcar en polvo

Para la crema de mascarpone
- 250 g Mascarpone 0% Lactosa
- 200ml de nata sin lactosa
- 3 claras de huevo
- 2 cucharadas de azúcar

Para el jarabe de té matcha
- 250 ml Agua+50 ml Agua
- 100 g de azúcar
- 7 g de té Matcha

Complementos:
- 2 manzanas Granny Smith
- 2 limas

INSTRUCCIONES:
Para la base de galleta:
a) Precalentar el horno a 200ºC.
b) Hacer un merengue francés, batiendo las claras de huevo con el azúcar hasta que estén firmes. Añadir las yemas de huevo.
c) Tamizar la harina con la maicena y agregar a la mezcla anterior. Verter la masa en una manga pastelera con boquilla redonda y, sobre papel pergamino, hacer tiras de masa (pegadas entre sí). Hornear durante 8-10 minutos.

Para la crema de mascarpone:

d) Prepara un merengue suizo, calentando las claras de huevo (al baño maría) con el azúcar hasta que, al tacto, el azúcar se haya disuelto y no se note. Verter las claras en un bol y batir a punto de nieve. Mezclar el Mascarpone 0% lactosa con la nata (sin montar) y añadir esta mezcla, con movimientos envolventes, al merengue suizo. Mantener en el refrigerador.

Para el almíbar:
e) Prepara una infusión de té matcha con 50 ml de agua y 7 g de té matcha.
f) Calentar 200 ml de agua con el azúcar hasta alcanzar los 80ºC.
g) Agrega la infusión de té matcha y deja reposar y templar.

Presentación:
h) Tener una base de melindres empapada con el jarabe de té matcha. Por encima, alterna la crema de mascarpone con la manzana verde Granny Smith. Terminar con una porción de nata y ralladura de lima por encima.

51. Pasteles de tiramisú

Rinde: 6 porciones

INGREDIENTES:
GALLETAS:
- 2 tazas de harina de almendras
- 3 cucharadas de proteína de suero sin sabor
- ½ taza de edulcorante granulado de fruta del monje
- 2 cucharaditas de polvo de hornear
- ½ cucharadita de bicarbonato de sodio
- ½ cucharadita de sal
- ½ taza de mantequilla cortada en cubos pequeños
- ½ taza de sustituto de azúcar bajo en carbohidratos o ½ taza de su edulcorante bajo en carbohidratos favorito
- 2 huevos grandes
- 1 cucharadita de extracto de vainilla
- ½ taza de crema agria entera
- cacao en polvo para espolvorear

RELLENO:
- ¼ taza de café espresso frío o café fuerte
- 1 cucharada de ron oscuro opcional o sub con el licor de su elección
- 8 onzas de queso mascarpone
- 2 cucharadas de sustituto de azúcar bajo en carbohidratos
- pizca de sal
- ½ taza de crema espesa
- 2 cucharaditas de extracto de vainilla
- 2 cucharaditas de ron oscuro opcional o sub con el licor de su elección

INSTRUCCIONES:
a) Precaliente el horno a 350 °F. Rocía el molde para pay whoopie con spray antiadherente.
b) Mezcle la harina de almendras, la proteína en polvo, el edulcorante de azúcar moreno, el polvo de hornear, el bicarbonato de sodio y la sal en un tazón. Dejar de lado.

c) Bate la mantequilla y el azúcar con una batidora a velocidad media-alta, hasta que quede cremoso; unos 2 minutos. Agregue los huevos y 1 cucharadita de vainilla, batiendo hasta incorporar. Raspe los lados del tazón. Agregue la crema agria, luego seque la mezcla.
d) Usando una cucharadita pequeña, vierta la masa en cada molde para pastel whoopie, llenando aproximadamente ⅔ del espacio. Coloque un poco de cacao en polvo en un colador pequeño y espolvoree un poco del cacao en polvo sobre cada cucharada de masa.
e) Hornee hasta que los bordes estén dorados, unos 10-12 minutos.
f) Deje enfriar sobre una rejilla durante unos 10 minutos, luego retire las galletas de la sartén y deje que se enfríen.
g) Una vez enfriado, voltea las galletas boca abajo sobre la rejilla.
h) Mezcle el espresso y 3 cucharadas de ron oscuro en un tazón pequeño. Extienda aproximadamente ¼ de cucharadita del líquido de espresso en la parte inferior de cada galleta.
i) Bate el queso mascarpone, el sustituto de azúcar bajo en carbohidratos, la sal, la crema espesa de vainilla y 1 cucharada de ron oscuro con una batidora hasta que quede suave. Vierta algunas de las mezclas de queso mascarpone sobre la mitad de chocolate de las galletas. Coloque la otra mitad de las galletas encima.
j) Sirva inmediatamente o coloque en el refrigerador.

52. tiramisú de oreo

Rinde: 6 porciones
INGREDIENTES:
- 6 yemas de huevo
- ½ taza de azúcar superfina
- 2 tazas de expreso
- 2 cucharaditas de extracto puro de vainilla
- 16 onzas de queso mascarpone a temperatura ambiente
- 2 tazas de crema para batir
- 32 Oreo
- 2 cucharadas de cacao sin azúcar para espolvorear

INSTRUCCIONES:

a) En un recipiente de vidrio, combine las yemas de huevo con el azúcar granulada y coloque el recipiente sobre una cacerola con agua hirviendo.
b) Siga batiendo las yemas de huevo y el azúcar durante 8-10 minutos hasta que la mezcla de huevo alcance los 160 °F.
c) El azúcar se derretirá y ya no verás gránulos de azúcar en la mezcla.
d) Retire del fuego y deje que se enfríe un poco. Esto se hace para pasteurizar los huevos.
e) En un recipiente aparte, usando una batidora eléctrica, bate el mascarpone con la vainilla hasta que esté cremoso y bien combinado. Batir la mezcla de yema de huevo tibia y reservar.
f) En un tazón aparte, bata la crema espesa fresca hasta que alcance picos medianos y luego incorpórelos suavemente a la mezcla de mascarpone.
g) La forma más fácil de sumergir las Oreo en el café es usando un tazón mediano y poco profundo.
h) Sumerja rápidamente las Oreo y colóquelas en una sola capa en un molde cuadrado de 8 pulgadas.
i) Extienda la mitad de la crema pastelera sobre la primera capa de Oreos, seguida de otra capa de Oreos bañadas y finalmente cubra con la crema pastelera restante.
j) Cubra con una envoltura de plástico y enfríe en el refrigerador durante al menos 3-4 horas y preferiblemente durante la noche.
k) Usando un colador de malla fina, espolvorea generosamente la parte superior con cacao en polvo justo antes de servir.
l) Cortar en 12 piezas y servir.

53. tiramisú amaretto

Rinde: 8 porciones

INGREDIENTES:
- 8 onzas de queso crema Neufchatel; a temperatura ambiente
- ⅓ taza de azúcar
- 5 cucharadas de licor de Amaretto
- ½ cucharadita de vainilla
- 3 tazas de crema batida baja en grasa sin lácteos; 8 oz.
- 24 melindres; (paquete de 7 onzas)
- ¾ taza de café fuerte
- ¼ taza de cacao en polvo sin azúcar
- 1 cucharada de azúcar glas
- 2 cucharadas de almendras blanqueadas rebanadas

INSTRUCCIONES:

a) Bate el queso crema y el azúcar en un tazón mediano hasta que esté suave y cremoso, de 3 a 4 minutos. Batir en amaretto y vainilla. Incorpora la cobertura batida a la mezcla de queso crema. Acomode la mitad de los bizcochos en un plato lo suficientemente grande como para contenerlos en una capa, como una cacerola de 9x9".

b) Espolvorear con la mitad del café. Cubra con la mitad de la mezcla de queso crema, esparciendo suavemente. Espolvorear con la mitad del cacao. Coloque los bizcochos restantes sobre el cacao. Espolvorea con el café restante. Cubra con la mezcla de queso crema restante, alisando la parte superior. Espolvorear con el cacao restante.

c) Cubra y refrigere por lo menos 4 horas, o preferiblemente durante la noche. Espolvorear con azúcar glas y almendras en rodajas.

54. tiramisú de bayas

Rinde: 4 porciones

INGREDIENTES:
- 1 taza de frambuesas frescas
- 1 taza de arándanos frescos
- 1 taza de moras frescas
- 1 taza de fresas en rodajas
- 1 taza de azúcar
- Jugo de un limón
- 2 pintas de crema espesa
- 8 onzas de queso mascarpone
- ½ taza de azúcar en polvo
- 1 bizcocho preparado,
- (9\"x9\"x2\"), cortado en 3
- Capas
- 1 taza de licor Chambord
- ½ taza de coulis de frambuesa
- ramitas de menta fresca
- Azúcar en polvo en la coctelera

INSTRUCCIONES:
a) En un tazón, combine todas las bayas con el azúcar y el jugo de limón. Con un tenedor, triture ligeramente ¼ de las bayas contra el costado del tazón. Permita que las bayas reposen durante 1 hora. Usando una batidora eléctrica, bata la crema hasta que se formen picos rígidos. En un tazón, mezcle la mitad de la crema batida con el queso Mascarpone, junto con el azúcar en polvo. Licúa hasta que la crema se incorpore por completo. Para armar, coloque una capa de bizcocho en el fondo de la fuente.
b) Pincelar la capa con el Chambord.
c) Extiende ⅓ de la mezcla de queso sobre el bizcocho. Repite el procedimiento hasta usar toda la mezcla de pastel y queso. Extienda la crema batida reservada sobre la parte superior del pastel. Permita que el pastel se asiente, aproximadamente 1 hora. Coloque una rodaja de tiramisú en el plato.
d) Decorar con coulis de frambuesa, menta fresca y azúcar glass.

55. Mejor que el tiramisú de restaurante.

Rinde: 1 porciones

INGREDIENTES:
- 8 yemas de huevo grandes
- ¾ taza de azúcar
- 3 libras de queso mascarpone
- 5 claras de huevo grandes batidas a punto de nieve
- ¾ taza de café fuerte
- ⅓ taza de Marsala
- 50 dedos de señora - 5 pks.
- ¼ taza de chocolate o chispas
- 1½ pinta de crema para batir

INSTRUCCIONES:
a) Combine las yemas de huevo y el azúcar en el tazón de la batidora hasta que espese y adquiera un color amarillo pálido.
b) Coloque a baño maría con agua hirviendo a fuego lento y cocine durante 8 minutos revolviendo constantemente.
c) Retire del fuego, incorpore el queso hasta que esté completamente incorporado.
d) Agregue la crema batida y las claras de huevo.
e) Combine el café y Marsala.
f) En un molde de 10 x 14, coloque capas de bizcocho y luego cepille con café y Marsala.
g) Extienda sobre la mitad de la mezcla de queso y crema batida.
h) Hacer otra capa con bizcocho, pincelar con café y Marsala o mojar.
i) Unte el resto del queso y la mezcla de crema batida y claras.
j) Rallar el chocolate por encima.
k) Cubrir con film plástico (apoyar con palillos).
l) Refrigere varias horas o toda la noche. Se conserva en nevera 4-5 días.

56. Tiramisú de cereza

Rinde: 8 porciones

INGREDIENTES:
- 12 Galletas Ladyfinger
- ⅔ taza de expreso
- 3 huevos grandes; a temperatura ambiente
- 3 cucharadas de azúcar
- 1 taza de crema para batir
- ¼ taza de azúcar en polvo
- 2 cucharadas de jugo de limón
- 4 onzas de chocolate semidulce; picado muy fino
- 1 taza de cerezas dulces; deshuesado

INSTRUCCIONES:

a) Acomoda las galletas en una sola capa sobre papel encerado; rocíe uniformemente con espresso. Dejar de lado. Usando una batidora eléctrica, en un tazón grande bate los huevos y el azúcar a alta velocidad hasta que espese y esté pálido; dejar de lado. En un tazón profundo y frío, combine la crema, el azúcar en polvo y el jugo de limón; batir a alta velocidad hasta que esté firme. Incorpore la mezcla de crema a la mezcla de huevo.

b) Coloque la mitad de las galletas en el fondo de un tazón de vidrio ancho de 2 cuartos.

c) Cubra con la mitad de la mezcla de crema, luego espolvoree uniformemente sobre la mitad del chocolate. Cubra con las galletas restantes, la mezcla de crema y el chocolate.

d) Cubra y enfríe por lo menos 1 hora o hasta 3 horas. Coloque las bayas alrededor del borde del plato. Cortar en gajos, luego levantar con una cuchara ancha para servir.

57. Tiramisú de Delaurenti

Rinde: 1 porciones

INGREDIENTES:
- 1 taza de azúcar
- 6 huevos; apartado
- 1 libra de queso mascarpone
- 2 paquetes de 7 oz de bizcochos secos - (alrededor de 24)
- 2 tazas de espresso preparado
- cacao molido sin azúcar; al polvo
- 1 chocolate semiamargo pequeño; afeitar

a) En un tazón, mezcle el azúcar y las yemas de huevo. Añade poco a poco el mascarpone y sigue removiendo hasta que la mezcla se vuelva cremosa. En otro tazón, bata las claras de huevo hasta obtener una consistencia de merengue (picos rígidos).
b) Doble con cuidado el merengue en la mezcla de mascarpone.
c) Sumerja rápida y ligeramente suficientes bizcochos o galletas en el espresso preparado para cubrir el fondo de una fuente de vidrio o una fuente de vidrio de 8 por 8 pulgadas.
d) Cubra los bizcochos o bizcochos con la mitad de la mezcla de mascarpone, seguido de una capa completa de cacao y virutas de chocolate.
e) Repite el proceso de estratificación. (Si prefiere un postre menos húmedo, puede dividir las capas en tercios, o mojar sus bizcochos aún más rápido...) 3. Una vez ensamblado, agite la sartén ligeramente para asentar los ingredientes.
f) Enfríe al menos dos horas (es preferible toda la noche) antes de servir.
g) Cortar en porciones y servir.

58. Tiramisú de plátano fácil

Rinde: 12 porciones

INGREDIENTES:
1½ taza de leche; bajo en grasa
2 cucharadas de gránulos de café instantáneo
1 paquete de queso crema; 8 oz
1 paquete de budín de vainilla; 4 porciones
. tamaño
2 tazas de batido congelado no lácteo
. Adición; descongelado
3 plátanos medianos maduros; rebanado
6 onzas de melindres; dividir y cortar
. a la mitad
1½ onza de chocolate semidulce; rallado
1 plátano; en rodajas (optar)
Virutas de chocolate (opcional)
GUARNACIÓN

Revuelve la leche y el café hasta que el café esté casi disuelto.

Bate el queso crema y el azúcar en un tazón grande hasta que quede suave y mezclado. Agrega la mezcla para pudín; agregue gradualmente la mezcla de café hasta que quede suave y mezclado. Agregue suavemente la cobertura batida y los tres plátanos en rodajas hasta que se mezclen.

Coloque ⅓ de los bizcochos en el fondo y los lados de una cacerola de 3 cuartos; vierta uniformemente ⅓ de la mezcla de crema y espolvoree con la mitad del chocolate rallado. Repita las capas, terminando con la mezcla de crema. Enfriar al menos 1 hora antes de servir.

Adorne con plátanos en rodajas adicionales y virutas de chocolate, si lo desea.

59. Tiramisú de bayas de Emeril

Rinde: 12 porciones

INGREDIENTES:
- 1 taza de frambuesas frescas
- 1 taza de arándanos frescos
- 1 taza de moras frescas
- 1 taza de fresas en rodajas
- 1 taza de azúcar
- 1 cada jugo de un limón
- 2 pinta de crema espesa
- 8 onzas de queso mascarpone
- ½ taza de azúcar en polvo
- 1 cada bizcocho; rebanado en
- 1 tres capas
- 1 taza de licor Chambord
- ½ taza de coulis de frambuesa
- 1 hoja de menta para decorar

INSTRUCCIONES:

a) En un tazón, combine todas las bayas con el azúcar y el jugo de limón. Con un tenedor, triture ligeramente ¼ de las bayas contra el costado del tazón. Permita que las bayas reposen durante 1 hora. Usando una batidora eléctrica, bata la crema hasta que se formen picos rígidos. En un tazón, mezcle la mitad de la crema batida con el queso Mascarpone, junto con el azúcar en polvo. Licúa hasta que la crema se incorpore por completo. Para armar, coloque una capa de bizcocho en el fondo de la fuente.

b) Pincelar la capa con el Chambord. Extiende ⅓ de la mezcla de queso sobre el bizcocho. Repite el procedimiento hasta usar toda la mezcla de pastel y queso. Extienda la crema batida reservada sobre la parte superior del pastel. Permita que el pastel se asiente, aproximadamente 1 hora. Coloque una rodaja de tiramisú en el plato. Decorar con coulis de frambuesa, menta fresca y azúcar glass.

60. Tiramisú helado de avellana y mandarina

Rinde: 12 porciones

INGREDIENTES:
- ½ taza de azúcar
- ¼ taza de agua
- 1 taza de avellanas, tostadas
- 1 taza de jugo de mandarina fresca (de unas 3 mandarinas)
- 13 onzas de azúcar
- 8 yemas de huevo grandes
- 13 onzas de agua
- ½ taza de crema para batir
- 1 cucharada de cáscara de mandarina rallada
- 2 envases de 8.8 oz de queso mascarpone o 16 oz de queso crema batido
- 7 cucharadas de Grand Marnier u otro licor de naranja
- 5 cucharaditas de espresso instantáneo en polvo o café instantáneo en polvo
- 3 (aproximadamente) paquetes de 4.4 onzas de galletas de champán (galletas tipo ladyfinger de 4 pulgadas de largo)
- Cacao en polvo sin azúcar
- Rodajas de mandarina (opc.)

INSTRUCCIONES:
RELLENO DE PRALINÉ

PARA PRALINÉ:
a) Engrase ligeramente una bandeja para hornear. Revuelva el azúcar y el agua en una cacerola mediana pesada a fuego medio hasta que el azúcar se disuelva. Aumente el fuego y hierva sin revolver hasta que el almíbar se vuelva ámbar oscuro, cepillando los lados de la sartén con una brocha de repostería mojada en agua y revolviendo la sartén de vez en cuando.
b) Mezclar las nueces. Vierta sobre la hoja preparada; Frío. Picar el praliné en trozos grandes.

PARA RELLENAR:

a) Hierva el jugo de mandarina en una cacerola grande y pesada hasta que se reduzca a ¼ C, aproximadamente 12 minutos. Dejar de lado. Bate 1 taza de azúcar y las yemas en un tazón grande de metal. Batir en 1 taza de agua. Coloque el tazón sobre una cacerola con agua hirviendo a fuego lento y bata constantemente hasta que el termómetro para dulces registre 180F, aproximadamente 5 minutos. Retire del agua. Usando una batidora eléctrica, bata la mezcla hasta que se enfríe, aproximadamente 5 minutos. Mezcle el jugo de mandarina, la crema y la cáscara. Agregue Mascarpone y 2 cucharadas de Grand Marnier y bata hasta que quede suave. Agregue 1 taza de praliné (reserve el praliné restante para otro uso). Enfría el relleno mientras preparas las galletas.
b) Cubra un molde desmontable de 9 pulgadas de diámetro con lados de 2¾ pulgadas de alto con envoltura de plástico. Revuelva las 10 cucharadas de azúcar restantes, las 10 cucharadas de agua y el polvo de espresso en una cacerola pequeña y pesada a fuego lento hasta que el azúcar se disuelva.
c) Mezclar en 5 cucharadas de Grand Marnier. Sirope fresco.
d) Con un cuchillo afilado, corte 1 galleta a 3 pulgadas de largo. Remoje la galleta en almíbar 10 segundos por lado. Coloque el extremo redondeado hacia arriba y el lado azucarado contra el costado del molde preparado. Repita con tantos bizcochos como sea necesario para cubrir los lados del molde. Remoje más galletas en almíbar y colóquelas en el fondo de la fuente, cubriéndolas por completo. Vierta la mitad del relleno en el molde. Remoja el resto de las galletas en almíbar 10 segundos por lado; colocar encima del relleno, cubriendo completamente. Cuchara de relleno restante.
e) Congelar al menos 8 hrs.
f) Suelta los lados del molde del pastel. Plástico plegable. Tamizar el cacao sobre el postre. Decorar con rodajas de mandarina, si lo desea.

61. Sundae de tiramisú helado

Rinde: 4 porciones

INGREDIENTES:
- 1½ taza de crema para batir
- 2 cucharadas de azúcar glas
- 6 onzas de queso mascarpone o queso crema; suavizado
- 1⅔ taza de bizcochos desmenuzados
- ¼ taza Fría; café extra fuerte o espresso
- 4 cucharadas de ron oscuro
- 8 bolas de helado de café premium
- ¼ taza de chocolate agridulce rallado
- Salsa de chocolate para decorar
- Rizos de chocolate para decorar

INSTRUCCIONES:

a) Bate la crema en un tazón grande con una batidora eléctrica hasta que esté espumosa. Batir el azúcar impalpable hasta que se formen picos suaves.
b) Transfiera la crema batida a un colador de malla de alambre grande forrado con un filtro de café o una gasa; coloque el colador sobre un tazón. Refrigere hasta varias horas; (hasta que esté listo para armar o servir).
c) Pon el queso en un tazón pequeño; batir con una batidora eléctrica hasta que esté suave y esponjoso. Agregue aproximadamente la mitad de la crema batida hasta que quede suave y ligera.
d) Para armar, divida los bizcochos desmenuzados en 4 platos para servir.
e) Rocíe cada uno con 1 cucharada de café y ½ a 1 cucharada de ron oscuro. Cubra cada uno con ¼ de la mezcla de queso y 2 bolas de helado de café. Congelar hasta una hora antes de servir.
f) Para servir, coloque la crema batida restante en una manga pastelera equipada con una punta de estrella de ½ pulgada (¡o simplemente coloque la crema batida encima con una cuchara!).
g) Vierta un poco de salsa de chocolate sobre cada porción. Vierta o cuchare un poco de crema batida sobre todo; espolvorear con 1 cucharada de chocolate rallado. Adorne con un rizo de chocolate y sirva inmediatamente.

62. tiramisú frutos del bosque

Rinde: 6 porciones

INGREDIENTES:
- 600 mililitros Crema doble; (1 pinta)
- 250 gramos de queso mascarpone; (9 onzas)
- 8 cucharadas de azúcar en polvo
- 6 yemas de huevo
- 1¼ litro de café negro fuerte caliente; (2 pintas)
- 1 cucharada de vino Marsala
- 1 cucharada de licor Tía María
- 450 gramos de galletas Savoiardi; (1 libra)
- 450 gramos Frutas frescas del bosque; (frambuesas,
- ; fresas,
- ; grosellas rojas, etc.)
- ; (1 libra)

INSTRUCCIONES:

a) En un bol ponemos la nata con el queso mascarpone y la mitad del azúcar glass. Batir bien hasta que el azúcar se disuelva y la crema esté espesa.

b) En otro bol batir las yemas de huevo con el azúcar restante durante unos 10 minutos hasta que la mezcla esté bastante espesa, ligera y esponjosa. Usando una cuchara grande de metal, incorpore la mezcla de yema de huevo al queso mascarpone. Mezcle el café, Marsala y Tia Maria en un tazón poco profundo.

c) Para armar el tiramisú, coloque con una cuchara un tercio de la mezcla de mascarpone en el fondo de un plato de 1⅔ litro (3 pintas) que tenga 7,5 cm (3 pulgadas) de profundidad. Tomando una galleta a la vez, sumerja la mitad de las galletas en la mezcla de café y coloque una sola capa sobre el mascarpone. Cubra con la mitad de las frutas.

d) Vierta otro tercio de la mezcla de mascarpone sobre la fruta y cubra con las galletas restantes humedecidas con la mezcla de café.

e) Extienda la mezcla de mascarpone restante en la parte superior y termine con las frutas restantes, coloque decorativamente. Cubra el tiramisú con film transparente y enfríe durante al menos 6 horas en el refrigerador para servir. Servir frío.

63. Tiramisú Godiva

Rinde: 12 porciones

INGREDIENTES:
- 5 onzas de licor Godiva, cantidad dividida
- 20 melindres
- 1 libra de queso mascarpone
- 4 onzas de chocolate amargo, rallado
- ½ taza de expreso
- 2 huevos, separados
- ⅓ taza de azúcar impalpable

INSTRUCCIONES:
a) Mezcle 3 oz de licor Godiva con espresso.
b) Sumerja los bizcochos en el café y colóquelos en una sola capa en una fuente para hornear poco profunda.
c) Cubra con cualquier líquido restante. Batir juntos el queso mascarpone, las yemas de huevo, el azúcar en el licor restante hasta que quede suave.
d) Batir las claras de huevo a punto de nieve; incorporar a la mezcla de queso.
e) Vierta el queso sobre los bizcochos; espolvorear con chocolate y refrigerar durante la noche.

64. Tiramisú congelado

Rinde: 8 porciones

INGREDIENTES:
- Bizcocho de 10¾ onzas
- ⅓ taza de espresso, enfriado
- 2 pintas de yogur helado de café, suavizado
- 1 pinta de yogur helado de chocolate, suavizado
- 2 tazas de látigo fresco
- ¾ taza de queso crema ligero
- 2 cucharadas de azúcar glas
- ¾ cucharadita de vainilla
- chocolate rallado
- Salsa de chocolate caliente

INSTRUCCIONES:
a) Cubra un molde para pan de 9 x 5 pulgadas con una envoltura de plástico. Corta el bizcocho horizontalmente en cuatro rebanadas.
b) Coloque una capa de bizcocho en un molde para pan, recortando para que quepa. Espolvorear con un tercio del espresso. Cubra con la mitad del helado de café, alisando la superficie para que quede pareja.
c) Mientras tanto, en un tazón, bate el queso crema light a velocidad media hasta que se vea batido. Agregue el azúcar impalpable y la vainilla. Mezclar hasta incorporar.
d) Batir la crema batida. Cubra con una envoltura de plástico y refrigere hasta más tarde. Para servir, invierta el molde para pan para quitar el tiramisú y retire la envoltura de plástico. Deje que se ablande un poco

65. Tarta tiramisú de moka mambo

Rinde: 8 porciones

INGREDIENTES:
- 1 paquete (10.75 oz) de bizcocho bajo en grasa congelado; descongelado
- ⅓ taza de café espresso Starbucks® enfriado o café de doble concentración
- 1 litro de helado Starbucks Mocha Mambo bajo en grasa; suavizado
- 2 cucharaditas de espresso o café Starbucks finamente molido
- 2 tazas de cobertura batida congelada sin grasa
- 8 granos de café cubiertos de chocolate para decorar; (opcional)

INSTRUCCIONES:
a) Cubra un molde para pan de 9x5 pulgadas con una envoltura de plástico. Corta el bizcocho horizontalmente en cuatro rebanadas. Coloque una capa de bizcocho en un molde para pan, cortando el bizcocho para que quepa, si es necesario.
b) Rocíe el pastel con un tercio de ⅓ de taza de espresso o café enfriado; unte ⅓ cuarto de galón de helado Starbucks Low Fat Mocha Mambo para cubrir el bizcocho de manera uniforme; repita dos veces con el pastel restante, el espresso y el helado, terminando con bizcocho (4 capas de pastel por 3 capas de helado).
c) Cubra el pastel y congele hasta que esté firme (aproximadamente 2-3 horas).
d) Para servir, retire el pan y la envoltura de plástico de la fuente. Revuelva el espresso finamente molido en la cobertura batida. Cubre la parte superior y los lados del pan con la mezcla.
e) Adorne con granos de café cubiertos de chocolate.

66. El tiramisú de le latini

Rinde: 14 porciones

INGREDIENTES:
- ½ taza de espresso doble fuerza
- 2 cucharadas de coñac
- ¼ taza de Amaretto
- 20 Galletas Savoyarde
- 2 tazas de queso mascarpone
- 7 huevos, separados
- ½ taza de azúcar
- 1 cuadrado de chocolate amargo
- 25 Galletas Amaretto Italianas

Porciones: 14

INSTRUCCIONES:
a) El queso mascarpone debe batirse hasta que quede esponjoso. Rallar el cuadrado de chocolate amargo.
b) En un recipiente poco profundo, mezcle el café, el coñac y la mitad del amaretto. Sumerja cada galleta Savoyarde en la mezcla de café e inmediatamente colóquelas en una fuente para hornear rectangular de 3 litros (13 x 9 pulgadas) con el azúcar hacia arriba. Reserve la mezcla de espresso sobrante. Una capa de galletas bañadas en café debe cubrir el fondo del plato.
c) Bate las claras de huevo hasta que formen picos; dejar de lado.
d) Batir las yemas de huevo hasta que tomen un color limón. Poco a poco agregue el azúcar y continúe batiendo hasta que se haya incorporado todo el azúcar.
e) Añadir el queso mascarpone.
f) Agregue el chocolate rallado y el resto del amaretto.
g) Agregue suavemente las claras de huevo batidas a punto de nieve.
h) Vierta la mezcla sobre las galletas Savoyarde.
i) Sumerja las galletas de amaretto en la mezcla de espresso y colóquelas.

67. Tiramisú de bayas de limón

Rinde: 1 porciones

INGREDIENTES:
- ⅓ taza de concentrado de jugo de piña, naranja y fresa congelado, descongelado
- 3 cucharadas de licor de naranja o jugo de naranja
- 1 taza de queso ricotta ligero
- ½ paquete (8 oz.) de queso crema con 1/3 menos de grasa (Neufchatel), ablandado
- 1 lata (15.75 oz.) de relleno de pay de limón
- 2 paquetes (3 oz.) de bizcochos, partidos
- 1 pinta (2 tazas) de fresas frescas en rodajas
- ½ pinta (1 taza) de frambuesas frescas

Tiempo de preparación: 25 minutos

INSTRUCCIONES:
a) En un tazón pequeño, combine el jugo concentrado y el licor; mezclar bien Dejar de lado.
b) En un tazón grande con una batidora eléctrica, bata el queso ricotta y el queso crema a velocidad media hasta que quede suave. Agrega el relleno para pastel; batir hasta que esté bien mezclado y esponjoso, raspando los lados del tazón de vez en cuando.
c) Cubra el fondo de una fuente para hornear de 12x8 pulgadas (2 cuartos de galón) con la mitad de los bizcochos, con el lado cortado hacia arriba. Cepille los bizcochos con la mitad de la mezcla de concentrado de jugo.
d) Extienda la mitad del relleno de limón uniformemente sobre los bizcochos. Cubra con la mitad de cada una de las fresas y frambuesas. Repita las capas. Refrigera hasta el momento de servir. Almacenar en refrigerador.

68. tiramisú bajo en grasa

Rinde: 9 porciones

INGREDIENTES:
- ½ taza de azúcar
- 1 taza de requesón sin grasa
- 1 taza de alternativa de crema agria sin grasa
- 2 cucharadas de ron oscuro
- 1 caja (8 oz) de yogur de vainilla bajo en grasa
- 1 paquete (8 oz) de queso neufchatel
- 1¼ taza de agua caliente
- 1 cucharada más
- ½ cucharadita de gránulos de café espresso instantáneo
- 40 melindres
- ½ cucharadita de cacao sin azúcar

INSTRUCCIONES:
a) Coloque los primeros 6 ingredientes en el procesador de alimentos con la hoja de un cuchillo y procese hasta que quede suave; dejar de lado.
b) Combine el agua caliente y los gránulos de espresso en un tazón pequeño. Partir los bizcochos por la mitad a lo largo. Sumerja rápidamente 20 de las mitades, con el lado cortado hacia abajo, en espresso y colóquelas, con el lado sumergido hacia abajo, en el fondo de una fuente para hornear cuadrada de 9 pulgadas.
c) Sumerja 20 mitades de melindre más, con el lado cortado hacia abajo, en el espresso y colóquelas con el lado sumergido hacia abajo, encima de la primera capa. Extienda 2 tazas de la mezcla de queso de manera uniforme sobre los bizcochos. Repita el procedimiento con las mitades de bizcocho, el espresso y la mezcla de queso restantes.
d) Coloque palillos en cada esquina y 1 en el centro del tiramisú para evitar que la envoltura de plástico se pegue a la mezcla de queso. Cubra con una envoltura de plástico y refrigere de 3 a 8 horas. Espolvorear con cacao antes de servir.

69. Pastel de tiramisú de Mr. Food

Rinde: 8 porciones

INGREDIENTES:
- 16 onzas de queso crema, ablandado
- ½ taza de azúcar
- ½ cucharadita de extracto de vainilla
- 2 huevos
- 6 melindres, partidos
- 1 masa de pastel de galleta graham preparada de 9 pulgadas
- ½ taza de café negro fuerte
- 1 cucharada de extracto de Brandy
- 1 taza de cobertura batida congelada, descongelada
- 1 cucharada de chispas de chocolate

INSTRUCCIONES:
a) Precaliente el horno a 350°F.
b) En un tazón grande, con una batidora eléctrica a velocidad media, combine el queso crema, el azúcar y la vainilla hasta que estén bien mezclados.
c) Agregue los huevos y mezcle hasta que se mezclen.
d) Coloque los bizcochos en el fondo de la masa de pastel.

70. Tiramisú de brandy de melocotón

Rinde: 4 porciones

INGREDIENTES:
- 1 paquete (8 oz) de queso crema bajo en calorías (neufchatel)
- 2 cucharadas de brandy de durazno
- 1 cucharada de leche
- ½ taza de azúcar glas sin tamizar
- ½ cucharadita de extracto de vainilla
- ½ taza de crema espesa o para batir
- 1 paquete (3 oz) de bizcochos
- 3 cucharadas de espresso o café fuerte; enfriado
- 1 taza de duraznos frescos o enlatados cortados en cubitos; bien drenado
- ½ taza de crema espesa o para batir
- 2 cucharadas de azúcar glas sin cernir
- 1 cucharada de brandy de durazno
- ¼ de cucharadita de extracto de vainilla
- Rodajas de durazno para decorar

INSTRUCCIONES:
a) En un tazón grande, bata el queso crema, el brandy y la leche hasta que se mezclen y queden esponjosos. Mezcle el azúcar glas y la vainilla.
b) En un tazón pequeño, bata la crema hasta que se formen picos rígidos.
c) Incorporar a la mezcla de queso crema; dejar de lado. Cubra 4 platos de postre (8 onzas) con mitades de bizcocho, con los lados partidos hacia adentro. Pinte con espresso o café.
d) Coloque la mitad de la mezcla de queso crema sobre los bizcochos en los platos. Coloque los duraznos encima. Coloque la mezcla de queso crema restante sobre los duraznos.
e) Haga crema batida con brandy: bata la crema, el azúcar glas, el brandy de melocotón y el extracto de vainilla hasta que se formen picos rígidos. Adorne con crema batida de brandy.
f) Cubra y refrigere por lo menos 2 horas. Adorne con rodajas de durazno justo antes de servir.

71. Tiramisú con aroma a naranja

Rinde: 8 porciones

INGREDIENTES:
- 15 dedos de esponja; hasta 16
- 150 mililitros de jugo de naranja recién exprimido
- 2 cucharadas de Cointreau
- 1½ cucharadita de extracto de vainilla natural
- 1 ricota de coche de 250 gramos; o usa mitad ricotta, mitad quark
- 2 cucharadas de mermelada de naranja
- 50 gramos de chocolate negro sólido alto en cacao; rallado

INSTRUCCIONES:

a) Cubra el fondo de una fuente para hornear rectangular (30x18cm) u ovalada poco profunda con una capa de bizcochos. (Es posible que tenga que romper algunos por la mitad).

b) Mezcle el jugo de naranja, Cointreau y media cucharadita de extracto de vainilla. Espolvorea esta mezcla sobre los bizcochos, una cucharada a la vez.

c) Combine el queso ricotta, la mermelada y la vainilla restante en el procesador de alimentos. Pruebe a medida que avanza y agregue más mermelada si cree que es necesario. Procese hasta que la mezcla esté suave y esponjosa, luego extiéndala sobre los dedos de esponja.

d) Espolvoree la parte superior uniformemente con chocolate rallado y enfríe hasta que se necesite.

72. Tiramisú de la huerta de olivos

Rinde: 6 porciones

INGREDIENTES:
- 1 bizcocho de 10-12" de 3" de altura
- 3 onzas de café negro fuerte o:
- Espresso instantáneo preparado
- 3 onzas de brandy; ron o tu licor favorito
- 1½ libras de queso crema o: mascarpone*
- 1½ taza de azúcar extrafina o en polvo
- Polvo de cacao; sin azúcar

INSTRUCCIONES:
a) Corta por la mitad del bizcocho para formar dos discos, de aproximadamente 1"-1-½" de grosor cada uno. Mezcle el café o espresso y el licor juntos.
b) Espolvorea la mitad inferior del pastel con la mezcla de licor de café, lo suficiente para darle un sabor fuerte, pero no satures tanto el pastel que se derrumbe.
c) Mezcla el queso crema o mascarpone con el azúcar y bate el queso hasta que el azúcar se disuelva por completo y el queso quede liviano y untable.
d) Extienda la mitad inferior del pastel con la mitad del queso cremoso, en una capa bastante gruesa.
e) Coloque la segunda mitad del pastel en la mitad inferior y repita el proceso ~ espolvoree la mezcla de café y licor y unte con el queso crema restante. Ponga el cacao en polvo en un colador de alambre y cubra completamente la capa superior de queso crema con cacao.
f) Refrigere el pastel durante al menos dos horas antes de cortarlo y servirlo.

73. **Pick-me-up (tiramisú)**

Rinde: 8 porciones

INGREDIENTES:
- 4 huevos
- ¼ taza de marsala
- ¼ taza de azúcar glas
- 8 onzas de mascarpone o requesón; si está atascado
- 1½ taza de café fuerte endulzado con; 1/2 taza de azúcar blanca
- 40 galletas de bizcocho (alrededor de 3 pulgadas por 1 pulgada)
- 4 onzas de chocolate semidulce

INSTRUCCIONES:
a) Separar el huevo y las yemas. Ponga a un lado dos blancos en otro tazón.
b) Combine las yemas, el vino y el azúcar y bátalos juntos. Lleve una cacerola con agua justo por debajo del punto de ebullición, luego baje a fuego lento y bata la mezcla de yema sobre el agua hasta que comience a hincharse y espesarse. (Use un asador doble o una cacerola, si tiene uno). Deje la mezcla de yemas a un lado.
c) Bate las dos claras restantes a punto de nieve y dóblalas en la mezcla de yemas, luego reserva. Licuar el queso en un procesador o licuadora y doblar en él la mezcla de yema y clara. Verifique la dulzura en esta etapa y ajústela al gusto. Moja cada galleta en el café; deja que se empape bien.
d) Arregle un piso de galletas en su plato y luego extienda las galletas con una capa delgada de la mezcla de huevo y queso. Repite el proceso hasta que hayas usado tu última capa de huevo/queso. Pase un cuchillo alrededor del borde de su pequeño edificio para alisar los lados. Rallar el chocolate y espolvorearlo por los lados y por encima. Enfriar hasta que esté completamente frío y reservar.

74. **Tiramisú Kahlua rápido**

Rinde: 8 porciones

INGREDIENTES:
- 2 rebanadas de bizcocho
- 4 onzas de café recién hecho; preferiblemente espresso
- 2 bolas grandes de helado de vainilla
- 2 onzas de Kahlúa
- Chocolate agridulce; rallar
- cacao sin azúcar

INSTRUCCIONES:
a) Coloque las rebanadas de pastel en tazones de postre poco profundos.
b) Humedecer con café. Cubra cada uno con una bola de helado.
c) Vierta el Kahlua sobre el helado.
d) Espolvorear con chocolate rallado o cacao.

75. Tiramisú de frambuesa y café

Rinde: 1 porciones

INGREDIENTES:
- ½ taza de harina para todo uso
- ½ cucharadita de café molido fino
- 3 huevos extragrandes; separados, temperatura ambiente
- 5 cucharadas de azúcar
- ½ cucharadita de extracto de vainilla
- Azúcar en polvo
- 3 cucharadas de Framboise
- 1 cucharada de espresso instantáneo en polvo
- 2 paquetes de 8 onzas de queso crema
- ⅔ taza de azúcar en polvo
- Cesta de 6 onzas de frambuesas
- ¾ taza de café fuerte recién hecho
- 3 cucharadas de azúcar
- Azúcar en polvo adicional
- Menta fresca
- 1 paquete de 10 onzas de frambuesas congeladas en; jarabe descongelado
- 2 cucharadas de aguardiente de Framboise

INSTRUCCIONES:

Para Ladyfinger Ronda:

a) Precaliente el horno a 350F. Cubra 2 bandejas para hornear galletas con pergamino. Mezcle la harina y los granos de café molidos en un tazón pequeño.

b) Usando una batidora eléctrica, bata las yemas de huevo y 4 cucharadas de azúcar en un tazón mediano hasta que se forme una cinta espesa y que se disuelva lentamente cuando se levanten los batidores, aproximadamente 4 minutos. Batir en vainilla.

c) Mezcle los ingredientes secos (la masa será espesa). Usando una batidora eléctrica equipada con batidores limpios y secos, bata las claras de huevo hasta que estén espesas y espumosas.

d) Agregue la cucharada de azúcar restante y bata hasta que las claras estén rígidas pero no secas. Doblar en la mezcla de yema en 2 adiciones.
e) Vierta la masa en cucharadas colmadas (8 por hoja) sobre las hojas preparadas, espaciando uniformemente. Tamizar el azúcar en polvo espesamente sobre las rondas. Hornee hasta que las rondas estén doradas en los bordes, aproximadamente 16 minutos. Enfriar en el molde sobre rejilla. Retire las rondas de ladyfinger del pergamino.

Para rellenar:
f) Combine framboise y espresso instantáneo en un tazón pequeño. Revuelva hasta que el espresso se disuelva. Usando una batidora eléctrica, bata el queso crema y ⅔ de taza de azúcar en polvo hasta que esté suave y esponjoso. Batir en la mezcla de café. Incorpora 1 taza de frambuesas. Dejar reposar a temperatura ambiente.
g) Combine el café y 3 cucharadas de azúcar. Revuelva hasta que el azúcar se disuelva. Vierta 1 cucharada pequeña de mezcla de café sobre el lado plano de 1 bizcocho redondo Coloque el café hacia arriba en un plato. Extienda ⅓ de taza de relleno encima de la ronda. Coloque el lado plano hacia abajo sobre el relleno.
h) Espolvorear con azúcar en polvo. Vierta la salsa de frambuesa alrededor de los postres. Adorne con las frambuesas restantes y la menta fresca y sirva.

Para la salsa de frambuesa:
i) Haga puré de frambuesas y almíbar en el procesador. Colar en un tazón pequeño para quitar las semillas. Agregue el aguardiente. Cubra y refrigere.

76. **Tiramisú de chocolate blanco**

Rinde: 6 porciones

INGREDIENTES:
- 175 gramos de chocolate blanco
- 150 gramos de chocolate con leche
- 1 cartón de 150 mililitros de crema doble
- 2 cartón de 250 g de mascarpone
- 50 gramos de azúcar glas
- 2 cucharadas de licor de café
- 100 mililitros Café negro fuerte
- 18 dedos de esponja
- Polvo de cacao; al polvo

INSTRUCCIONES:
a) 1 Rompe el chocolate blanco en un recipiente resistente al calor y derrítelo sobre una cacerola con agua hirviendo. Retirar del fuego y dejar enfriar. Picar groseramente el chocolate con leche.

b) 2 Batir ligeramente la nata hasta que forme picos suaves. Mezcle el mascarpone y el azúcar glas hasta que quede suave y suave.

c) 3 Batir el chocolate blanco derretido y el chocolate con leche troceado. Doble suavemente la crema. Vierta el licor y el café en un recipiente poco profundo y sumerja la mitad de los bizcochos en el líquido. Úselo para forrar un tazón de vidrio para servir.

d) 4 Cubrir los dedos de bizcocho con la mitad de la mezcla de mascarpone. Cubra con los dedos de esponja restantes seguidos de la mezcla restante de mascarpone. 5 Enfría el tiramisú durante al menos una hora. Espolvorear con cacao para servir.

77. Tiramisú de chocolate blanco con frutos rojos

Rinde: 10 porciones

INGREDIENTES:
- ¾ taza de Grand Marnier; aproximadamente
- ⅓ taza de azúcar blanca granulada
- 28 onzas (4 paquetes) de bizcochos
- 12 onzas de chocolate blanco; Cortado
- ½ taza de crema para batir
- 1½ libras de queso crema light
- 6 cucharadas de crema agria sin grasa
- 6 cucharadas de azúcar blanca granulada
- 2 cucharaditas de vainilla
- 3 pintas de bayas frescas; fresas, arándanos o frambuesas limpias (fresas en rodajas); una mezcla de estos es bonito

INSTRUCCIONES:

a) Para una escala de 10 porciones, use un molde desmontable de 10 pulgadas.
b) Derrita el chocolate con la crema batida en una cacerola pequeña y pesada a fuego lento.
c) Revuelva hasta que quede suave. Enfriar la mezcla a temperatura ambiente.
d) En un tazón, bata el queso crema con la mezcla de crema agria y chocolate. Dejar de lado.
e) Vierta Grand Marnier en un recipiente poco profundo. Vierta la primera medida de azúcar en un plato pequeño. Recorta un bizcocho a la altura del borde de un molde desmontable.
f) Sumerja rápidamente la galleta en el licor, volteándola para cubrirla ligeramente. Sumerge un lado en azúcar. Coloque la galleta con el lado redondeado hacia arriba con el lado azucarado contra el costado de la sartén. Repita con tantos bizcochos como sea necesario para cubrir los lados de la sartén. Para el fondo del molde, sumerja las galletas solo en Grand Marnier, sin azúcar. Recorte para adaptarse.
g) Vierta la mitad de la mezcla de queso y chocolate en el molde, alise la parte superior.
h) Espolvorea con la mitad de las bayas mixtas. Cubra con más bizcochos sumergidos, cubriendo completamente las bayas y recortando para que quepan. Siga con la mezcla de queso restante. Cubra el postre con las bayas restantes. Cubrir; enfríe por lo menos 6 horas, o toda la noche. Suelte los lados del molde y transfiera el pastel a un plato para servir. Adorne con rizos de chocolate blanco, si lo desea.

78. Tiramisú Kahlua y Grand Marnier

Rinde: 10 porciones

INGREDIENTES:
- 8 yemas de huevo
- ½ taza de azúcar
- ¾ taza de azúcar
- ¼ taza Kahlúa
- 15 onzas de queso mascarpone
- ¼ taza de ron
- 2 tazas de crema espesa; azotado rígido
- ¼ taza de Gran Marnier
- 2 tazas de café fuerte

INSTRUCCIONES:
a) Bate las yemas de huevo con el azúcar hasta que tengan un color claro y la masa forme una "cinta" cuando se levanta el batidor y la masa no se "cae" del batidor sino que vuelve a caer sobre sí misma en una cinta. Agregue el mascarpone, batiendo bien y luego la crema espesa. Poner en el refrigerador.
b) Remojo: Mezcle el café, el azúcar y los licores hasta que se disuelva el azúcar. Vierta la mitad de la mezcla de mascarpone en un tazón grande.
c) Sumerja 1 melindre a la vez en la mezcla de café hasta que esté completamente humedecido pero sin gotear. Si permite que los bizcochos absorban demasiado de la mezcla de café, exudarán su líquido en la capa de crema y la crema será acuosa.
d) Cubrir toda la superficie de la capa de crema con los bizcochos sumergidos. Vierta la mezcla restante de mascarpone sobre los bizcochos, alisando con una espátula.
e) Picar un poco de chocolate agridulce en trozos medianos/pequeños y espolvorear sobre el postre. Refrigere durante al menos 8 horas, la noche es mejor. Servir frío.

79. tiramisú navideño

Rinde: 10 porciones

INGREDIENTES:
- 1 libra de queso mascarpone o crema suave
- ¾ taza de azúcar
- 8 yemas de huevo grandes
- ½ taza de vino dulce
- 2 tazas de Café Expresso o Negro muy fuerte
- 9 onzas Ladyfingers o 14 oz. ángel
- Pastel de comida o bizcocho, en rodajas finas
- 1 cucharada de cacao sin azúcar

INSTRUCCIONES:

a) En un tazón pequeño, usando un tenedor, bata el queso hasta que esté cremoso. Dejar de lado.

b) Coloque un recipiente de metal grande (de aproximadamente 10 a 12 tazas de capacidad) sobre una olla de agua hirviendo. Con una batidora eléctrica manual a temperatura media alta, bata el azúcar y las yemas de huevo en el tazón durante 1 minuto o hasta que la mezcla esté bien mezclada. Con la batidora a baja velocidad para evitar salpicaduras, agregue el vino gradualmente.

c) Continúe cocinando y batiendo la mezcla, aumentando la velocidad a media y luego a alta a medida que la mezcla se espese. Cocine y bata durante 5 a 7 minutos, o hasta que la mezcla esté espesa y liviana, raspando los lados del tazón con frecuencia con una espátula de goma.

d) Retire el recipiente del fuego y continúe batiendo la mezcla durante 1 minuto más. Agregue el queso hasta que se mezcle (hace alrededor de 5 tazas).

e) Vierta una taza de expreso en un tazón pequeño y poco profundo que sea lo suficientemente grande como para contener un bizcocho si se coloca horizontalmente en el tazón.

f) Sumerja rápidamente la parte superior redondeada de cada bizcocho en el expreso. Solo la mitad superior de los bizcochos se debe empapar con el expreso. Si los bizcochos se mojan demasiado, ¡se desharán! Agregue más café al tazón según sea necesario.

g) Coloque los bizcochos, con el lado plano hacia abajo, en el fondo de una fuente de vidrio o cerámica de 13 x 9. No utilice una bandeja de metal. Forma una capa. Vierta la mitad de la mezcla de natillas sobre los bizcochos y extiéndalos para cubrirlos. Sumerja los bizcochos restantes en el expreso.

h) Vierta la mezcla de natillas restante sobre los bizcochos y extienda hasta formar una capa uniforme.

i) Coloque el cacao en un colador y espolvoree la parte superior del tiramisú de manera uniforme. Cubra y refrigere por lo menos 10 horas.

80. El tiramisú favorito de la familia

Rinde: 4 porciones

INGREDIENTES:
- 1 bizcocho amarillo comprado en la tienda o -- 1 caja de ladyfinger
- Envase de 16 oz de queso ricotta ½ taza más 2 cucharadas de azúcar ½ taza de crema espesa
- 8 onzas de chispas de chocolate semidulce
- 1½ taza de café fuerte
- Cacao en polvo sin azúcar

INSTRUCCIONES:
a) Pon un tazón mediano en el congelador. Cortar el bizcocho en rebanadas de ½ pulgada. En un segundo tazón mediano, combine ricotta con ½ taza de azúcar.
b) Retire el tazón del congelador y agregue la crema y bata con una batidora eléctrica a velocidad alta hasta que tenga picos rígidos. Con una espátula de goma, incorpore la crema batida a la mezcla de ricota. Dobla las chispas de chocolate.
c) Cubra el fondo de un recipiente de vidrio hondo para servir con rebanadas de bizcocho, cortando el bizcocho según sea necesario para cubrir el fondo. Revuelva el azúcar restante en el café. Sumerja la brocha de pastelería en el café y frote la torta hasta que se empape.
d) Usando una espátula de goma, extienda ¼ de la mezcla de ricotta suavemente sobre la primera capa del pastel. Coloque otra capa de pastel sobre la mezcla de ricotta y use una brocha de repostería para remojarla con café.
e) Cubre el pastel con otra capa de la mezcla de ricota. Repita hasta que tenga 4 capas de cada uno, terminando con la capa de ricota.
f) Cubra y refrigere por lo menos 4 horas. Espolvorea cacao en polvo por encima antes de servir.

81. Tiramisú de Hong Kong

Rinde: 8 porciones

INGREDIENTES:
- 12 huevos grandes
- ¾ taza de azúcar
- ½ taza de harina; más 2 cucharadas
- 3 cucharadas de maicena
- 3 onzas de mantequilla, derretida
- 1¼ libras de queso mascarpone
- ½ taza de azúcar
- 5 separados
- 2 cucharadas de cacao
- 2 cucharadas de Amaretto Galliano
- 2 cucharadas de ron Myers
- 2 cucharadas de Kahlúa
- ½ taza de espresso, enfriado
- Jarabe de azucar

INSTRUCCIONES:
PASTEL:
a) Bate 12 huevos y el azúcar durante 15 minutos o hasta que quede esponjoso. Tamizar la harina y la maicena juntas.
b) Doble la harina y la maicena en la mezcla de huevo y revuelva ligeramente. Vierta la mantequilla derretida y mezcle.
c) Hornee en un molde para pastel redondo de 9" engrasado y ligeramente enharinado a 400F durante aproximadamente 25 minutos. Enfríe; córtelo en rebanadas de ½" de grosor.

ARMAR:
d) Mezclar mascarpone, ¼ de taza de azúcar y 5 yemas de huevo ligeramente. Bate las claras de huevo y ¼ de taza de azúcar durante 15 minutos o hasta que quede esponjoso. Mezclar la mezcla de mascarpone con la mezcla de clara de huevo.
e) Mezcle todos los ingredientes de la mezcla de jarabe. Cepille el bizcocho en rodajas con la mezcla de almíbar hasta que el bizcocho esté completamente empapado con el almíbar.
f) Cubra un tazón grande de vidrio con las rebanadas de pastel. Agregue un poco de la mezcla de mascarpone.
g) Coloca otra capa de bizcocho encima. Añadir otra capa de mascarpone. Continúe alternando capas. Refrigera por 1 hora.
h) Espolvorear con cacao en polvo.

82. Tiramisú de Sostanza

Rinde: 12 porciones

INGREDIENTES:
- 17 onzas de mascarpone
- 1 taza de azúcar granulada
- 2 yemas de huevo
- 1 cucharada de vainilla
- 6 cucharadas de coñac o brandy
- 2 tazas de crema para batir
- 5 tazas de expreso
- 1 taza de chocolate semidulce rallado
- 2 paquetes de galletas de champán (alrededor de 40)

INSTRUCCIONES:
a) Crema de mascarpone con el azúcar, las yemas de huevo, la vainilla y 2 cucharadas de coñac.
b) En otro bol, montar la nata a punto de nieve. Agregue con cuidado la mezcla de mascarpone. Mantener la calma.
c) Cuando el espresso esté frío, agregue las 4 cucharadas restantes de coñac.
d) Usando una bandeja para hornear de 9 por 16 pulgadas (debe tener bordes de 1 pulgada), extienda una capa de un cuarto de pulgada de la crema de mascarpone de aproximadamente cinco pulgadas de ancho por el centro.
e) Sumerja las galletas ligeramente en el espresso y colóquelas en una fila encima de la mezcla de mascarpone a lo largo de toda la sartén.
f) Con una espátula, extienda una capa de media pulgada de la crema de mascarpone sobre las galletas. Espolvorear con una cuarta parte del chocolate rallado.
g) Repita para 2 capas más, cubriendo la capa final con el chocolate rallado.
h) Colocar las galletas en diferentes direcciones en cada capa hará que el postre sea más firme para rebanarlo. Enfríe de varias horas a toda la noche.

83. Tiramisú sin huevo

INGREDIENTES:
- 1 taza de crema batida
- Cacao en polvo, sin azúcar
- Galletas digestivas estrelladas
- 2 cucharaditas de café instantáneo más media taza de agua tibia
- Galletas digestivas, bizcocho o bizcochos
- Fresa para decorar

INSTRUCCIONES:
a) Batir la nata hasta que forme picos suaves
b) Agregue su café instantáneo al agua tibia y revuelva. También puedes usar vino dulce.
c) Remoja tus galletas en el café
d) Obtenga un tazón grande y coloque una capa de galletas empapadas como la capa inferior.
e) Cubrir con una capa de nata montada y un poco de las galletas digestivas trituradas
f) Terminar con una capa de cacao en polvo sin azúcar. Use un tamiz para obtener mejores resultados.
g) Crea tantas capas como desees. Asegúrate de que la capa de cacao sea la última.
h) Refrigerar por al menos 45 min. Adorne con una fresa mientras sirve.

84. tiramisú marsala

Rinde: 6 porciones

INGREDIENTES:
- ⅓ taza de azúcar
- 5 huevos
- ⅓ taza de Marsala
- ½ taza de crema para batir
- 1 libra de queso mascarpone
- 2 cucharaditas de cáscara de limón
- 1 taza de café expreso, frío
- 24 dedos de dama
- 2 onzas de chocolate agridulce, rallado

INSTRUCCIONES:
a) En una olla pesada, a fuego medio-bajo, mezcle el azúcar y los huevos hasta que estén espumosos. Continúe batiendo hasta que la mezcla comience a espesar.
b) Agregue ¼ de taza de marsala y continúe cocinando hasta que la mezcla cubra el dorso de una cuchara. Raspe en un tazón y reserve.
c) Montar la nata hasta que mantenga su forma. Con los mismos batidores, mezcle el mascarpone y la cáscara de limón hasta que la mezcla se ablande. Incorpore la mezcla de huevo/marsala y la crema batida.
d) Combine el espresso y los 2Tb de marsala restantes. Sumerja los bizcochos en la mezcla de café de dos en dos y empápelos uniformemente. Coloque una capa de bizcochos en el fondo de un plato de 11x7 pulgadas. Untar con la mitad de la crema de mascarpone. Espolvorear con chocolate rallado. Agregue otra capa de dedos de dama empapados.
e) Cubra con crema de mascarpone y el chocolate restante.

85. Corona de tiramisú

Rinde: 1 porciones

INGREDIENTES:
- 10 mililitros de gelatina; (2 cucharaditas)
- 50 gramos de azúcar en polvo; (2 onzas)
- 40 mililitros Café instantáneo; (2 cucharadas)
- 100 mililitros de Tía María o licor de café; (5 cucharadas)
- 284 gramos dedos de esponja
- 7 Cadbury's Flake del paquete de 99; (7 a 8)
- 200 gramos de chocolate Bournville de Cadbury
- 2 cajas de 250 g de queso Mascarpone; o crema firme
- ; queso
- 284 mililitros Crema doble; (1/2 pinta)
- 40 mililitros de cacao de Cadbury; (2 cucharadas)

INSTRUCCIONES:
a) Disolver la gelatina en un poco de agua caliente.
b) Mezclar el azúcar y el café con 2 cucharadas de agua hirviendo, luego mezclar con la Gelatina clara con 2 cucharadas de licor.
c) Sumerja los dedos de bizcocho en el licor restante y luego forre la base y los lados de la lata de cerca, con las hojuelas distribuidas uniformemente alrededor del borde.
d) Derretir el chocolate con cuidado. Bate el queso y el café, luego agrega la crema y el chocolate frío y continúa batiendo hasta que la mezcla se espese; cuchara en la lata. Refrigere durante la noche hasta que cuaje.
e) Espolvorea generosamente con cacao, luego desmolda y sirve en un plato atractivo con una decoración en el centro. Ate una cinta alrededor del postre si lo desea. Servir en rebanadas.

86. tiramisú thane

Rinde: 1 porciones

INGREDIENTES:
- 4 huevos enteros
- 4 cucharadas de azúcar glas (muy fina)
- 26 onzas de queso mascarpone
- 1 copa de vino Marsala o jerez medio
- 24 onzas líquidas de café fuerte y endulzado
- 1 copa de vino whisky escocés o brandy
- 2 paquetes de dedos de esponja
- Cacao en polvo sin azúcar
- 3½ onzas Buen chocolate oscuro

INSTRUCCIONES:
a) Batir los huevos y el azúcar con un batidor hasta que estén pálidos y espumosos.
b) Batir el mascarpone una cucharada a la vez, luego batir el Marsala. Coloque el café y el whisky o el brandy en un plato poco profundo.
c) Sumerja brevemente las galletas en la mezcla de café y luego colóquelas en el plato o lata de su elección. Cortar las galletas para rellenar los huecos. Una vez que la capa esté uniforme, extienda la mitad de la mezcla de mascarpone.
d) Tamizar sobre una capa de cacao en polvo y luego repetir.
e) Enfríe durante al menos 6 horas, luego sirva cubierto con chocolate negro rallado.

87. Tiramisú semifrío

Hace: 6

INGREDIENTES:
- 1 1/2 tazas (375 ml) de espresso, más 1 cucharada extra
- 1/4 taza (60 ml) de Frangelico
- 1/2 taza (110 g) de azúcar en polvo
- 4 huevos, separados
- 2 tazas (500 ml) de crema espesa
- 1 cucharadita de extracto de vainilla
- 100 g de mascarpone, a temperatura ambiente
- 1 cucharada de cacao en polvo holandés, más extra para espolvorear
- 20 galletas savoiardi

INSTRUCCIONES:

a) En un tazón pequeño, combine el espresso y el Frangelico y reserve.
b) Coloque el azúcar y las yemas de huevo en una batidora de pie equipada con el accesorio para batir y bata hasta que esté pálido y cremoso. Transfiera a un tazón. Limpie el tazón de la batidora de pie.
c) Coloque la crema y el extracto de vainilla en el tazón limpio de la batidora de pie y mezcle hasta obtener picos suaves. Agregue mascarpone, bata hasta que se combinen y transfiéralo a un recipiente aparte.
d) Lave y seque bien el tazón de la batidora de pie y bata. Coloque las claras de huevo y una pizca de escamas de sal en el tazón y bata a picos muy firmes. Doble suavemente la mezcla de crema batida y la mezcla de clara de huevo en la mezcla de yema de huevo hasta que se combinen.
e) Coloque la mitad de la mezcla en un recipiente aparte. Agregue el cacao y 1 cucharada extra de espresso.
f) Para armar, cubra un molde para pan de 30 cm x 10 cm de 7 cm de profundidad con una envoltura de plástico. Sumerja la mitad del savoiardi en la mezcla de Frangelico y colóquelo en la base del plato. Cubra con crema de espresso. Sumerja el savoiardi restante en la mezcla de Frangelico, cubra con la crema de espresso y cubra con la mezcla de crema natural. Cubra con una envoltura de plástico y colóquelo en el congelador durante 6 horas o hasta que cuaje.
g) Cuando esté listo para servir, invierta el tiramisú en una fuente para servir y retire la bandeja y la envoltura de plástico. Espolvoree con cacao extra y corte en rodajas para servir.

88. Gin-misu

Hace: 6

INGREDIENTES:
- 150ml de Tanglin Honey Bean Coffee Gin Liqueur
- 150g de crema de mascarpone
- 150ml de nata espesa
- 25 g de azúcar glas, tamizada
- 1 cucharadita de pasta de vainilla o 1 vaina de vainilla
- 3 Savoiardi (galletas Lady Finger), cortadas en cubos de 2 cm
- 250 ml de caramelo de macadamia comprado en la tienda o helado de caramelo
- 100g de chocolate con leche de buena calidad, para rallar finamente

INSTRUCCIONES:
a) Batir el mascarpone, la nata espesa, el azúcar glas y la vainilla hasta que la mezcla esté combinada y ligeramente aireada.
b) Divida el Savoiardi picado en 6 vasos para servir y vierta 1 cucharada de licor de ginebra y café con granos de miel Tanglin sobre las galletas en cada vaso. Cubra cada vaso con una cucharada generosa de mascarpone.
c) Espolvoree chocolate rallado sobre la mezcla de mascarpone, cubra con una cucharada de helado y termine con el resto del mascarpone, dividiéndolo uniformemente entre los vasos. Ralla sobre el chocolate para servir.

89. tiramisú de nutella

Hace: 10

INGREDIENTES:
- 225 g de nutella
- 1 cucharada de cacao en polvo, más extra para espolvorear
- 1 taza (250 ml) de crema espesa
- 4 huevos, separados (usamos Woolworths Macro)
- 1/2 taza (110 g) de azúcar en polvo
- 3 tazas (750 g) de mascarpone
- 2 tazas (500 ml) de café negro fuerte
- 1/2 taza (125ml) de licor de avellana
- 350 g de bizcochos de bizcocho (savoiardi)
- 100 g de avellanas, tostadas, finamente picadas

INSTRUCCIONES:

a) Para hacer el ganache de Nutella, coloque Nutella, cacao y 100 ml de crema en un tazón y revuelva para combinar.

b) Para hacer la crema de mascarpone, coloque las yemas de huevo y el azúcar en una batidora de pie equipada con el accesorio para batir y bata durante 4-5 minutos o hasta que espese y esté pálido. Agregue mascarpone y los 150 ml restantes de crema, y bata hasta que espese y se mezclen. Ponlo en un bol y déjalo a parte.

c) Limpie el tazón de la batidora y el batidor, y séquelos bien. Agregue las claras de huevo y bata a punto de nieve. En 2 lotes, agregue suavemente la clara de huevo a la mezcla de mascarpone, luego enfríe durante 1 hora o hasta que cuaje.

d) Para armar el tiramisú, combine el café y el licor de avellana en un plato hondo. Sumerja suficientes galletas en la mezcla de café para cubrir la base de un plato de 2 litros (8 tazas). Cubra las galletas con la mitad de las avellanas, luego vierta sobre la mitad de la ganache de Nutella, usando una espátula para distribuir uniformemente. Cubra con la mitad de la crema de mascarpone y distribuya uniformemente. Repita con las galletas restantes, las avellanas y el ganache de Nutella.

e) Para la capa superior entubada, transfiera la crema de mascarpone restante a una manga pastelera equipada con una boquilla plana de 1,6 cm.

f) Forma círculos de 2 cm sobre el tiramisú. Enfríe durante 2 horas o toda la noche para que se asiente un poco. Espolvoree con cacao extra para servir.

90. Tiramisú de mango y macadamia

Hace: 8

INGREDIENTES:
- 1/2 taza (110 g) de azúcar en polvo
- 3 huevos
- 2 cucharaditas de pasta de vainilla
- 375 g de mascarpone, a temperatura ambiente
- 2 x 200ml Bulla Doble Crema, a temperatura ambiente
- 1/2 taza (125 ml) de licor de macadamia, brandy o ron
- 1 taza (250 ml) de jugo de mango
- 300 g de galletas savoiardi
- 3 mangos, carne picada
- 150 g de macadamias, tostadas y picadas

INSTRUCCIONES:

a) Combine el azúcar, los huevos y la vainilla en un recipiente resistente al calor sobre una cacerola con agua hirviendo, asegurándose de que el recipiente no toque el agua. Usando batidores manuales eléctricos, batir durante 8 minutos o hasta que la mezcla esté espesa y pálida. Retire del fuego y deje enfriar por completo.

b) Agregue mascarpone y Bulla Double Cream a la mezcla de huevo y bata durante unos 30 segundos hasta que espese y se combine. Combine el jugo de naranja y el licor en un tazón y reserve.

c) Trabajando con una galleta savoiardi a la vez, sumerja rápidamente en la mezcla de licor y colóquela en la base de un plato cuadrado de 22 cm (2 L de capacidad). Repita para formar una capa de galleta completa, luego cubra con la mitad de la mezcla de crema, la mitad del mango y la mitad de las nueces de macadamia. Repita las capas con galletas bañadas, crema, mango y macadamia para formar 2 capas.

d) Coloque en el refrigerador y deje reposar en el refrigerador durante al menos 3 horas, o toda la noche para obtener mejores resultados.

91. Paletas de tiramisú

Hace: 10

INGREDIENTES:
- 2 cucharadas de jarabe de malta de arroz
- 2 cucharaditas de café instantáneo
- 2 cucharadas de cacao holandés en polvo
- 500 g de yogur espeso estilo griego
- 125 ml de crema espesa
- 1/2 taza (110 g) de azúcar en polvo
- CRUJIENTE DE AMARETTO
- 150 g de galleta digestiva o Anzac sin gluten troceada
- 1/3 taza (55 g) de almendras, tostadas, picadas
- 1 taza (220 g) de azúcar en polvo
- 1/3 taza (80 ml) de licor de amaretto

INSTRUCCIONES:

a) Combine el jarabe de malta de arroz, el café, el cacao y 1/4 de taza (60 ml) de agua hirviendo en una jarra. Batir para combinar, luego reservar para que se enfríe por completo. Combine el yogur, la nata y el azúcar en un bol grande. Revuelva para combinar, luego reserve durante 10 minutos o hasta que el azúcar se disuelva.

b) Coloque 1 cucharadita de mezcla de café en cada molde de polo helado, luego divida la mitad de la mezcla de yogur entre los moldes. Cubra con 1 cucharada de mezcla de café, luego agregue la mezcla de yogur restante. Use un pincho para ondular, luego asegure la parte superior firmemente con papel de aluminio. Con un cuchillo pequeño y afilado, corte un pequeño agujero en el papel de aluminio en el centro de cada polo helado e inserte un palito de paleta. Congele durante la noche o hasta que esté congelado.

c) Para la miga de amaretto, repartir las galletas sin gluten y las almendras en una bandeja de horno forrada con papel de horno. Coloque el azúcar, el amaretto y 1 cucharada de agua en una cacerola pequeña a fuego medio. Cocine, revolviendo, durante 3-4 minutos hasta que el azúcar se disuelva. Hervir, sin revolver, durante 10 minutos o hasta que esté dorado y el almíbar alcance los 180°C en un termómetro de azúcar.

d) Vierta el caramelo sobre los biscotti y deje reposar durante 10 minutos para que se endurezca. Con las manos, rompa el caramelo de biscotti y colóquelo en un procesador de alimentos. Wwhiz a una miga fina.

e) Retire las paletas de los moldes y sirva con migas de biscotti.

BEBIDAS

92. Batido De Tiramisú De Malvavisco

Marcas: 2

INGREDIENTES:
- 5 onzas de tintura
- 4 bolas grandes de helado de vainilla
- ½ taza de moca
- crema batida
- sirope de chocolate
- Cacao en polvo para espolvorear
- Un puñado de malvaviscos tostados

INSTRUCCIONES:
a) Combine la tintura, el helado y el moka en un tazón hasta que quede suave.
b) Vierta en un vaso alto, llene con crema batida, jarabe de chocolate y cacao en polvo, y espolvoree con cacao en polvo.
c) Adorne con malvaviscos.

93. Batido De Tiramisú De Coco

Hace: 1

INGREDIENTES:
- 5 onzas de leche de almendras
- 3 cucharadas de crema de coco
- 2 onzas de espresso o café muy fuerte
- chocolate en polvo

INSTRUCCIONES:

a) En una licuadora, combine las 2 onzas de espresso con las 5 onzas de leche de almendras.

b) Llene un vaso alto aproximadamente ⅓ con la mezcla mezclada y la crema de coco, y luego cubra con una pizca de chocolate y más mezcla batida.

94. tiramisú martini

Rinde: 1 Cóctel

INGREDIENTES:
- Hielo
- 1 onza de crema irlandesa Baileys
- 1 onza de Kahlúa
- 1 onza de vodka
- chorrito de nata o leche
- Sirope de chocolate para decorar

INSTRUCCIONES:

a) Rocíe el jarabe de chocolate en un remolino alrededor del interior del vaso de martini.

b) Agregue hielo, Baileys, Kahlua, vodka y crema si usa una coctelera.

c) Agite hasta que se mezclen. Luego colarlo en el vaso preparado.

95. Latte helado de tiramisú

Rinde: 2 lattes

INGREDIENTES:
PARA LATE
- 1 taza de Café recién hecho congelado en cubitos
- 1½ tazas de Leche Entera Leche de Almendras o Leche de Soya
- 2 cucharaditas de licor de café Kahlua Liqueur
- 1 cucharada de sirope de chocolate
- 1½ cucharadas de miel

GUARNACIONES
- glaseado de mascarpone
- Sirope de chocolate o galletas trituradas

INSTRUCCIONES:
a) Para hacer cubitos de hielo de café, simplemente vierta café recién hecho a temperatura ambiente en sus bandejas de cubitos de hielo y congele.
b) Cubitos de hielo congelados

96. Cóctel de tiramisú con ron

Hace: 1

INGREDIENTES:
- 1 ½ onzas de licor de café frío
- ron de 1 onza
- ¼ onza de jarabe de canela
- ½ onza de Aquavit
- Guarnición: crema batida y cacao en polvo

INSTRUCCIONES:
a) Agregue todos los ingredientes a una coctelera con hielo y agite vigorosamente.
b) Colar en un vaso coupé y cubrir con un flotador de crema batida.
c) Decorar con cacao en polvo.

97. Batido de Tiramisú con Crumble de Galletas

Hace: 1

INGREDIENTES:
- ½ taza de café frío o cerveza fría
- ½ taza de café adicional
- 1 plátano congelado
- ¾ taza de yogur vegetal, natural o de vainilla
- ¾ taza de trozos de coliflor cocidos al vapor y luego congelados
- 1 cucharada de cacao en polvo
- 1 cucharadita de extracto puro de vainilla
- 1 porción de proteína vegana de vainilla en polvo

INSTRUCCIONES:
a) Agregue el café a una licuadora de alta velocidad y luego agregue el resto de los ingredientes.
b) Comience a licuar a velocidad baja y luego aumente lentamente la velocidad, licuando brevemente a velocidad alta hasta que quede suave y cremoso.
c) Verter en un vaso y disfrutar.

98. Batido De Tiramisú Y Plátano

Hace: 1

INGREDIENTES:
BASE
- ½ taza de espresso enfriado
- ¼ taza de agua de coco
- 2 cucharadas de polvo de cacao crudo
- ½ plátano pelado congelado
- 2 cucharadas de harina de almendras
- 1 cucharadita de azúcar de coco orgánico
- 2-3 dátiles Medjool sin hueso
- 1 cucharadita de extracto puro de vainilla
- 1 cucharadita de maca opcional
- 1 cucharadita de mezquite opcional
- Una pizca de sal marina

CREMA
- ¾ taza de macadamias remojadas durante la noche
- ½ taza de agua de coco

INSTRUCCIONES:
a) Combine todos los INGREDIENTES Base: primero en una licuadora. Mezcla a alta velocidad. Verter en vaso.
b) Enjuague la licuadora y macadamias.
c) Mezcla los INGREDIENTES de la crema: hasta que quede suave y cremosa, y cúbrela sobre la capa base en tu vaso.

99. Bebida caliente de tiramisú

Hace: 4

INGREDIENTES:
- 1⁄4 taza de queso mascarpone
- 2 cucharadas de crema espesa
- 3⁄4 taza de leche
- 1 cucharada de cacao en polvo sin azúcar
- 1⁄4 taza de café negro
- 1 cucharada de jarabe de arce
- crema batida, para decorar
- café instantáneo, para decorar
- 1 cucharada de chispas de chocolate, para decorar

INSTRUCCIONES:
a) En una cacerola mediana, mezcle el queso mascarpone y la crema espesa. Agrega la leche y calienta a fuego bajo a medio, revolviendo con frecuencia hasta que se caliente por completo y esté completamente suave.
b) Agregue el cacao en polvo sin azúcar a la mezcla y revuelva nuevamente durante 5 minutos, o hasta que el cacao se disuelva por completo.
c) Vierta café caliente en cada taza para servir; el café debe llenar solo la cuarta parte inferior de la taza.
d) Vierta la mezcla de chocolate y queso sobre la parte superior del café. Agregue el jarabe de arce y revuelva hasta que esté completamente mezclado.
e) Adorne con crema batida, un chorrito de jarabe de arce, una pizca de café, una capa de cacao en polvo y unas chispas de chocolate.
f) Sirva inmediatamente, para mayor autenticidad, sirva con un dedo de dama a un lado.

100. Crema de tiramisú

Rinde: 2 porciones

INGREDIENTES:
- 1.25 onzas de vainilla
- mascarpone
- 0.25 oz de crema de cacao
- 1 onza de café frío
- chocolate negro
- granos de café

INSTRUCCIONES
a) Agregue todos los ingredientes excepto la crema batida en un vaso mezclador y revuelva durante 30-45 segundos.
b) Colar en un vaso de café irlandés enfriado.
c) Cubra con crema batida de mascarpone.
d) Adorne con chocolate negro rallado y un grano de café en el centro del cóctel.

CONCLUSIÓN

En conclusión, nuestro libro de cocina Libro de cocina Tesoros de Tiramisú es un verdadero tesoro de deliciosas recetas de Tiramisu. Con 100 recetas para elegir y fotografías impresionantes para acompañar cada plato, este libro de cocina es perfecto para cualquier amante del tiramisú.

Si usted es un chef experimentado o un principiante en la cocina, encontrará que las recetas de este libro de cocina son fáciles de seguir y producen resultados consistentemente deliciosos. ¿Entonces, Qué esperas? Agregue nuestro libro de cocina Libro de cocina Tesoros de Tiramisú a su colección hoy y comience a disfrutar de los dulces sabores de Italia.